中国航天老照片

齐国生　主编

中国宇航出版社
·北京·

图书在版编目(CIP)数据

中国航天老照片/齐国生主编. 北京:中国宇航出版社,
2015.12(2020.12 重印)
(中国航天发展印记)
ISBN 978-7-5159-1067-3

Ⅰ. ①中… Ⅱ. ①齐… Ⅲ. ①航天工业—发展史—中国—摄影集 Ⅳ. ①F426.5—64

中国版本图书馆 CIP 数据核字(2015)第 321412 号

责任编辑 王立莉
责任校对 王 妍 马 喆 装帧设计 文道思

出 版
发 行 中国宇航出版社
社 址 北京市阜成路 8 号 邮 编 100830
(010)60286808 (010)68768548
网 址 www.caphbook.com
经 销 新华书店
发行部 (010)60286888 (010)68371900
(010)60286887 (010)60286804(传真)
零售店 读者服务部
(010)68371105
承 印 三河市君旺印务有限公司

版 次 2015 年 12 月第 1 版
2020 年 12 月第 3 次印刷
规 格 787×960
开 本 1/16
印 张 9.5
字 数 145 千字
书 号 ISBN 978-7-5159-1067-3
定 价 60.00 元

前　言

中国航天事业自1956年创建以来，已经走过了近60年的发展历程，不仅取得了以“两弹一星”、载人航天工程和月球探测工程为代表的辉煌成就，形成了航天传统精神、“两弹一星”精神和载人航天精神，也涌现了很多可歌可泣的感人事迹，定格了许多令人回味的精彩瞬间。

《中国航天老照片》正是这些精彩瞬间的生动再现。在中国航天事业创建60周年前夕，《中国航天老照片》编辑部开展了公开征集老照片活动，得到了有关单位和广大航天人的积极响应，先后收到各类老照片150余幅，通过精心筛选，收录了80余幅。这些老照片，既有党和国家领导人胸怀全局、关心航天的珍贵镜头，又有老一代航天人自力更生、艰苦创业的真实写照；既有航天专家不畏艰险、刻苦攻关的细节刻画，又有普通职工追求幸福、快乐生活的动人场景。

这些老照片，以及隐藏在老照片后面的历史故事，以时间为轴线，通过图文并茂的形式，从工作和生活两个方面，真实记录了中国航天事业发展过程中那些激情燃烧的岁月，大致勾画了中国航天事业发展的基本轮廓，从一个侧面展现了中国航天人创造的不朽业绩，在一定程度上反映了中国航天人自力更生、奋发图强、无私奉献、勇于攀登的精神风貌。

老照片留给我们的是一段经历、一份记忆和一种温馨，为我们唤醒了久远的人和事，为事业发展留下了历史印记，使人们从中得到享受、启发和动力。希望更多的单位和个人行动起来，让更多的老照片从档案馆、资料室和家庭相册中走出来，焕发出新的活力，记载发展的脚步，记录历史的足迹，成为弘扬航天文化、传承航天精神的生动教材。

伟大的事业孕育伟大的精神，伟大的精神推动伟大的事业。在中国航天事业即将迎来60周年华诞之际，让我们回顾历史，展望未来，以更加饱满的激情，创造属于明天的历史，留下更加辉煌的印记，为实现“发展航天事业、建设航天强国”的宏伟目标，实现中华民族伟大复兴的中国梦而不懈努力。

由于编者经验不足，书中会有谬误之处，敬请广大读者批评指正。

《中国航天老照片》

编辑部

2015年12月

目录
CONTENTS

工作篇

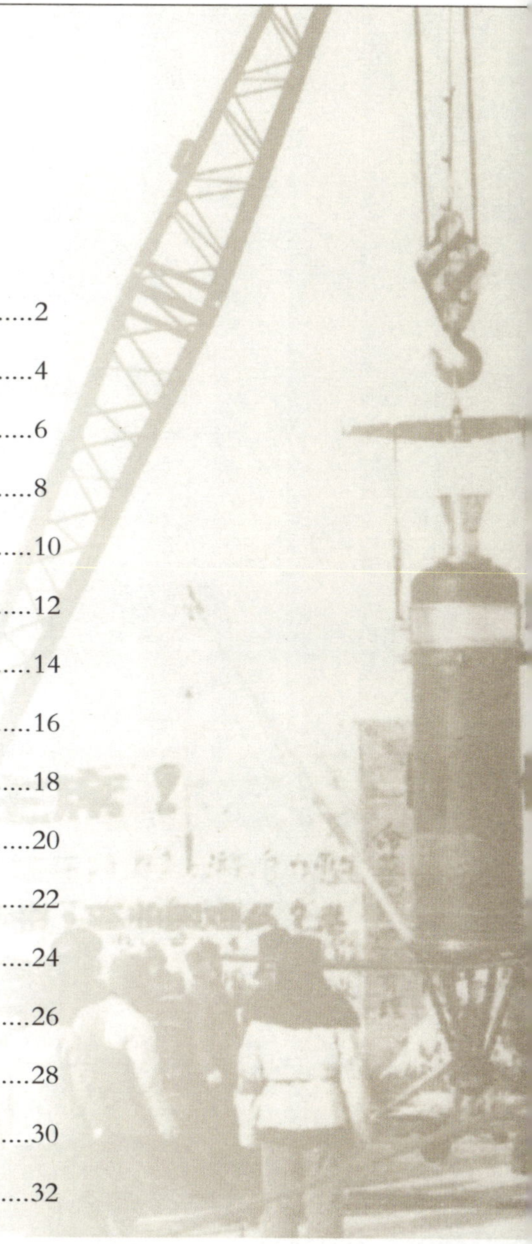

目录
CONTENTS

02

目录

CONTENTS

目录
CONTENTS

生活篇

工作篇

外国人能干，中国人为什么不能干

1955年10月8日，钱学森冲破美国政府的重重阻挠，终于回到了阔别20年的祖国。

为了让钱学森更好地了解新中国，主管科学技术工作的陈毅副总理于11月5日专门约钱学森长谈话，介绍突飞猛进的国家经济建设情况，又安排他赴东北参观访问新兴工业企业和科研机构。

11月25日，钱学森到中国人民解放军军事工程学院访问，陈赓院长专程从北京飞往哈尔滨，迎接钱学森的到来。

会见之后，陈赓向钱学森问道：“钱先生，依你看，我国目前有没有能力研制导弹？”

钱学森脱口而出：“有什么不能的？！外国人能干，中国人为什么不能干？难道中国人比外国人矮一截？”

回到北京，陈赓一直念念不忘中国导弹的发展。通过他的积极联络，钱学森先后与彭德怀、王震、万毅等领导就中国发展导弹事业交流了看法。

1956年2月1日晚，毛泽东主席设宴招待出席中国人民政治协商会议第二届全国委员会第二次全体会议的部分委员。席间，他特别安排钱学森同自己坐在一起，并同他讨论发展导弹的问题。毛泽东问：“从现在起，我们抓紧时间，埋头苦干，争取在第三个五年计划末期，使我国在原子能、火箭等最急需的科学技术领域接近世界先进水平，能不能做到？”钱学森说：“只要计划周密，工作努力，是可以实现的。”

2月12日，叶剑英、陈赓与钱学森一起，向周恩来总理汇报了发展导弹的设想。周总理静静地听完钱学森的想法后，说：“学森同志，刚才叶帅

1956 年 2 月 1 日，毛主席亲切接见钱学森

向我谈了你的想法，我完全赞成。现在交给你一个任务，请你尽快把你的想法，写成一个书面意见，包括如何组建机构，调配人力，需要些什么条件等等，以便提交中央讨论。”

2 月 17 日，在周总理的鼓励下，钱学森向国务院报送了《建立我国国防航空工业的意见书》，提出了中国发展导弹武器工业的设想。意见书题目中用“国防航空工业”代替导弹技术，是保密工作的需要。

钱学森的意见书，引起了党和国家决策层的高度重视。5 月 26 日，周恩来主持中央军委专门会议，宣布了发展我国导弹技术的决定，批准组建导弹研究院，即国防部第五研究院，由钱学森任院长。

1956 年 10 月 8 日，是中国航天史上值得纪念的日子——国防部第五研究院正式成立，它标志着中国的航天事业迈出了第一步。

心 榕 提供

接收苏联 P-1 导弹

1956年11月30日，苏军总部通知聂荣臻、陈赓，两发苏联仿照德国V-2导弹制造的P-1导弹及其配套设备即将运往中国，同时将有13名专家抵达。1956年12月，任新民接受了一项紧急任务——带队乘专列前往满洲里，接收苏联援助的两发P-1液体近程弹道导弹及其配套设备。

时值北国的隆冬季节，任新民与参加接收的全体人员住在满洲里军分区的招待所里。这里的室外温度白天是零下30多度，入夜则达到零下40多度。任新民虽在哈尔滨经受过严寒的考验，但哈尔滨的寒冷要比满洲里逊色得多。然而，使命在身，责任在肩，容不得半点马虎。冒着严寒，任新民一次次到车站查看现场，研究警戒工作，为迎接“宝贝弹”做好各项准备。由于离不开近视眼镜，任新民还遇到一个不大不小的难题，从外面一跨进楼里，或从楼里走到外面，镜片上便会结上一层薄霜，什么都看不见，每次总要花费时间进行一番处理。

等啊，盼啊，载有两发P-1导弹及其配件、备件的专列终于驶达位于中苏边境的满洲里火车站。由于苏方为宽轨，中方是窄轨，P-1导弹进入我国后，需要调换车皮，进行卸装。为了保密，调换、卸装任务只能在晚上进行。任新民不仅亲临现场进行组织指挥，提醒吊装、搬运中注意

1956 年 12 月 29 日，任新民（前排右二）在苏联援助的 P-1 导弹实物交接协议上签字

安全，检查有无泄密问题，还主动加入卸装导弹的行列，当起了搬运工。在零下 40 多度严寒的深夜，任新民戴着近视眼镜，和同志们深一脚浅一脚地干着。40 多岁的年纪虽然不大，可毕竟不比 20 岁的小伙子，但他看着那绿油油的导弹，想到离京时领导和同志们的嘱托，心里就热乎乎的，全身有使不完的劲儿。正是由于任新民和工作组的同志们以及苏军官兵们夜以继日的工作，两发 P-1 导弹及其配件、备件等如期顺利地运到北京，圆满完成了任务。

1956 年 12 月 29 日，中苏双方在北京举行了两发 P-1 导弹交接验收及签字仪式，任新民作为中方代表在交接协议上签了字。

至此，中国有了两发 P-1 导弹。其中一发是供教学用的解剖弹，另一发是完整的、可供拆装、可以加注推进剂进行点火发射的导弹。

谭邦治　提供

在废旧机库仿制导弹

1958年4月2日，火箭发动机设计部(11所前身)正式成立。同年8月，火箭发动机设计部迁到了南苑三营门内的一座飞机修理厂。发动机设计部的160多人被安排在厂内的一个破旧不堪的飞机库内，在这里开始我国液体火箭发动机的早期研究设计工作。

这个飞机库，实际上是一座用钢架和薄铁皮组成的简易圆顶大篷子，由于年久失修，长年风吹雨打，破旧不堪。厂房除南边有两大扇整体的推拉门外，别无其他门窗，大铁皮房顶因长期腐蚀生锈，千疮百孔，整个厂房到处漏风。在这里办公，夏天又闷又热，白天苍蝇多，在厂房内到处乱飞，干扰工作；晚上蚊子多，叮咬加班人员。夏天雨多，遇到下大雨时，屋顶多处漏雨；到了冬天，厂房里虽有暖气，但由于四面透风，西北风呼呼一刮，照样冷似冰窖，冻得大家缩手缩脚，工作时得穿上厚厚的棉衣棉裤。

就是在这样极其艰苦的环境中，科技人员白手起家，艰苦创业，苦干一年零八个月，完成了1059导弹发动机的大部分仿制工作。废旧大机库则和液体火箭发动机事业连在一起，载入航天事业的史册。

航天六院11所宣传部　提供

20 世纪 50 年代，作为火箭发动机设计部研究设计办公室的废旧机库

8 公里也了不起

1959 年 9 月，上海机电设计院受命设计研制 T–7M 火箭。1960 年 2 月 19 日，项目仅仅启动了 5 个月，T–7M 火箭就成功实现了首次发射。

1960 年 5 月 28 日晚，毛泽东主席在上海市有关领导的陪同下，来到位于上海延安西路的友好大厦，参观上海新技术展览会。

当毛主席来到尖端技术展览室，看到正在这里展出的 T–7M 探空火箭时，他先关切地询问了火箭的研制情况，然后站在火箭旁，认真地听取技术人员的介绍。当他得知这一探空火箭是在没有苏联专家指导、没有现成资料参考的情况下，完全依靠国内一批年轻科技人员自己研制出来的时候，连声称赞说：“好，好！”然后指着这枚火箭问道：“这种火箭能飞多高？”“8 公里！”技术人员据实回答。毛主席轻轻“哦”了一声，仿佛有些遗憾。但他很快又笑了，爽朗地称赞道：“8 公里，那也了不起啊！”接着，他又意味深长地说：“我们要 20 公里、200 公里地搞上去！”

随行的摄影师记录下了这珍贵的时刻，这张照片也是毛主席唯一一张视察航天产品的照片。

游本凤　提供

1960 年 5 月 28 日晚，毛主席视察 T-7M 探空火箭

T-7M 火箭首次发射前，试验队员工作场景

送别苏联专家

1959年，我国开始仿制苏制C–75型地空导弹武器系统，基于保密原因，该系统的代号为“543”。根据中央规定，仿制生产由国家工业部门承担，国防部五院为总设计师单位。当时二院第二设计部（23所前身）为“543”制导站主任设计师单位，成都784厂负责制导站发射车的仿制生产。第二设计部组成了驻厂设计师工作组，承担生产中设计方面的工作和代行驻厂军代表的部分职责。我作为工作组的首批驻厂人员，于1959年12月进驻工厂，并担任工作组高频组组长。

当时，苏联为了帮助中国仿制导弹，向有关厂所派驻了专家组。派驻到784厂的共有三名专家，组长名叫库尔金。我被指定跟专家组组长对口学习。

正当工厂仿制生产陆续展开之际，苏联专家组突然接到其驻华大使馆的电话，在未说明任何原因的情况下，被要求全部撤离，专家们感到非常突然和困惑。我方出于礼节和对苏联专家组的感谢，专门设宴欢送他们，双方互送了礼物。1960年7月，领导指派我和一名翻译到成都火车站送苏联专家回北京。火车徐徐开动，专家们将头伸出窗外，挥动手臂，用中国话高喊：“再见，再见！”火车渐渐驶远，我看见库尔金仍频频向车站方向挥手，这难忘的场景久久印刻在我的脑海中。

1960 年 7 月，784 厂领导和职工送别苏联专家

事后，听到传达的中央精神才知道，苏联个别领导人出于政治目的，不顾两国的友谊，单方面撕毁援华建设合同，撤回全部在华专家，给中国造成了极大困难。

在没有苏联专家的情况下，我们自力更生，奋发图强，依靠自己的力量，克服了种种困难，终于在 1965 年成功仿制出了“543”，并定型为“红旗一号”，其性能优于原苏制产品。

苏恩惠　提供

竹竿架起座座房

选择了三线建设，就注定要走一条艰苦奋斗、无私奉献的道路。一边是繁重的三线建设和型号研制任务，另一边是缺菜少粮的艰苦生活，红光沟的 11 所人不仅学会了在简陋的条件下搞科研，也锻炼了在恶劣环境下的生存能力。没有房子自己盖，缺乏蔬菜，缺乏细粮，就在山坡上种菜，上山采蘑菇、挖竹笋、砍柴。

三线建设初期，大家住的地方很简陋，房子四围是用竹坯子抹麦草泥，房顶用油毡，床是竹子扎的上下铺，四个床连为一体。为了鼓舞干劲，一位同志曾经写过一首诗，这首诗后来成为指挥部组织文艺汇演时的“保留节目”。诗是这样写的：竹竿架起座座房，竹帘一挂就当墙，墙上开洞当窗户，泥巴抹墙两面光，莫道房间太阴暗，同志个个心里亮……

航天六院 11 所宣传部　提供

三线建设初期，职工自己开荒种菜

三线建设初期，建设者们简易的住处

刻苦攻读《雷达丛书》

抗美援朝时期，在开展电子对抗的过程中，张履谦意识到：要搞好雷达干扰与抗干扰，不精通雷达，就不能有效地实现干扰，更不能解决它的抗干扰问题。后来，他在图书馆里找到了刚刚从香港购进的一套外文版《雷达丛书》。这套丛书由美国麻省理工学院（MIT）辐射实验室（后改称林肯实验室）编纂。麻省理工学院在第二次世界大战期间，深入研究了防空警戒、高炮瞄准、飞机射击、投弹瞄准、导航仪及信标机等技术，这套丛书正是麻省理工学院研究工作的总结性文献，全套28卷，每卷数百页，规模大的上千页。

20世纪60年代，张履谦刻苦攻读《雷达丛书》

20 世纪 60 年代，张履谦利用业余时间刻苦学习

张履谦看了丛书介绍，又仔细阅读了一些章节，了解到这套巨著是当前电子技术最新的前沿知识综汇，是一套经典著作，其中既有深入的理论知识，又有系统的工程实践。张履谦为抗美援朝解决雷达抗干扰问题时所采用的抗干扰电路设计，也在这套丛书中找到了论据，因此他对这套丛书的理论指导意义和工程实践意义的认识更加深刻。他想：要精通雷达，必须下苦功夫，必须立志十年寒窗，把这套丛书全部读完。自此，张履谦在工作之余，特别是节假日，总是抱着《雷达丛书》阅读。他常常早上拿着两个馒头，夹点咸菜，跑到附近的树林里读书，一读就是一整天；深夜疲劳时用冷水洗洗脸，精神振奋后，又继续学习。

张履谦以坚强的毅力，埋头刻苦学习，结合业务工作，反复应用实践，经过 12 年苦读，终于读完了《雷达丛书》这套巨著，掌握了牢固而丰富的雷达知识，为应用雷达技术、搞好电子对抗、发展航天事业，打下了坚实基础。

钟 轫 童晶静 提供

解决弹性振动问题

1962年4月至6月，东风二号导弹飞行试验失败后，谢光选和同事们反思以往，在分析、查找不足中度过了近百天。

究竟是什么导致了这次发射的失利呢？一部五室提供的遥测数据启发了大家的思路。数据显示，导弹弹体的加速度遥测数据中，出现了频率混合叠加现象，就是说，在正常的频率中夹杂着异常的低频分量。经过分析，其频率在30~40赫兹之间——这与导弹的弹性振动有什么关系呢？

经过了最初的心痛之后，谢光选感到自己的责任重大。如何解决这个弹性振动问题，成为他日思夜想的难题。多次讨论后，他和第一总体设计部主任屠守锷、副主任徐兰如一起，尝试着通过计算，寻找解决难题的途径。他们把导弹看成一个变剖面，分成若干个剖面来分别计算，由设计计算室的同事们将计算方程式画成计算表格。请两个小组的计算员分别用手摇式齿轮计算器计算，得出一、二、三阶导弹弹体弹性振动数据。两个小组的计算结果十分接近，这说明，计算并没有差错。后来，这些计算数据又经过了试验，试验结果和计算数据完全吻合。

这种做法极尽烦琐，但效果是明显的，得到了钱学森的赞赏，钱学森鼓励他们继续研究。

三个月后，经过反复模拟试验，谢光选和同事们终于找到了解决问题的方法，那就是：利用低通电子网路，将一、二、三阶振动的波形滤去，留下频率低的绕导弹质心的姿态角波形，经过综合放大后，送到伺服机构（即舵机），纠正导弹的姿态，使导弹稳定飞行。

在此基础上，一分院的设计人员修改了设计：将原来安放在尾部的仪器

20 世纪 60 年代，谢光选与同事们对“东风二号”方案进行比较

舱上移到酒精箱与液氧箱之间。这一改动，貌似简单，却意义重大。中近程导弹比仿制的 1059 长了三米多，这样放在尾部的仪器舱正好在一次振型的波腹上，导弹在飞行中产生弹性振动，使舵机在弹性振动高频信号作用下造成低频信号的饱和，导致失稳。仪器舱位置上移后，陀螺仪位置处在一次振型的波节上，这样，对弹体的弹性角运动就不敏感了。与此同时，设计人员又在系统上对弹性信号滤波，抑制高频信号。至此，弹性振动问题得到彻底解决。

“东风二号”首飞失利，意义是深远的——不仅让燥热的心冷静下来，也让大家从盲目的情绪中清醒过来，掌握了弹性振动的规律。更为可贵的是，失利之后的中国航天人在钱学森的倡导下，认识到一个崭新的词汇——系统工程。一种严谨务实的科学态度树立了起来，一种统筹兼顾的管理模式出现在人们的理念中，人们开始从系统工程的角度审视导弹这个复杂的大系统。

史颜莉　提供

研制红旗型号地空导弹

1963年，上海市委经过讨论，决定将机电设计院部分研制厂区扩建，成立新江机器厂，承担弹体总装任务，我担任总工程师。

当时面临的困难是多方面的。国家正处于困难时期，不只是生活条件比较艰苦，试制产品的物质技术保证也很困难，经费又很紧张，无论是器材元件，还是工装设备，都要花很大的力气才能解决。更突出的问题是，我们这支队伍来自不同的岗位，特别是很多人来自民用行业，包括我自己在内，对导弹研制工作是外行，就是学本专业的同志，也没有实践经验。设计师工作组的同志们，对制造工

试验现场

20 世纪 60 年代初期，科技人员在进行全弹振动试验

艺缺乏必要的知识。但是，在局党委领导下，厂党委反复分析形势，号召大家不懂就学，有困难就克服。如氩弧焊工艺练兵，在焊条氩气不是很多，铝、镁合金材料缺乏的情况下，大家想办法，先找一支毛笔装在电焊枪上，在纸上反复练悬臂画线，一直练到手不发抖，才用废料练习焊接。就是在这样艰苦的条件下，大家不知度过了多少不眠之夜，付出了多少心血和汗水，才逐步掌握了关键工艺技术。

1964 年 12 月 20 日，当检测完导弹的最后一项技术数据时，整个车间沸腾了，全厂职工奔走相告这一喜讯。先锋批终于按时按质试制成功了！那晚，我怀着久久不能平静的激动心情，伏案起草试制成功的报告。当报告写完的时候，东方已是一片晨曦，金色的太阳即将升起，它似乎预示着祖国导弹工业光辉灿烂的前景。

赵世愚　提供

抬着发动机过河

1962年，国防部五院总字750部队与五机部845厂科研所协作研究固体火箭发动机不稳定燃烧和装药裂纹等问题，取得进展后，准备进行直径300mm试验发动机点火试验，845厂领导考虑到安全问题，不同意在厂内试枪靶场在发动机试验，科研所和协作分队领导批准了试车组的提议，在秦岭的一个河湾处找到一块石崖，略加处理，成为一座临时试车台，利用附近的一座土地庙作测试间。

从厂区到试车台有8km的距离，科研人员把发动机装上架子车，准备拉到山里做试验。在通往试车台的途中，一条小河挡住了去路，架子车无法通过，十多位年轻的科研人员，干脆抬着超过200kg的发动机，深一脚浅一脚地蹚过河，把发动机运到了试车台。

一位随行的摄影师记录下了这个镜头，成为了中国航天人艰苦奋斗的真实写照。

阮崇智 提供

科研人员抬着发动机过河，进山做试验

建设三线，告别天津电子所

原中国科学院华北电力仪器研究所（简称天津电子所），按照党中央关于“调整一线、建设三线”的指示精神，于1965年年底，整体搬迁到小三线山西省太谷县（即549厂）。

同志们积极响应党中央的号召，为了发展祖国的航天事业，远离大城市，告别天津的父老乡亲，奔赴三线建设新征途。此照片是一起入所的同志们临行前，在天津电子所（地址：天津市沙北区五马路168号）大门前的留影。当时正是春节前夕，大门前搭起彩楼，很是壮观。

高晓峰　提供

1966 年春节前夕，同期入所的同志们奔赴三线前，在天津电子所大门前留影

上得去、抓得住、听得清、看得见

1967年12月，国防科委组织召开东方红一号卫星方案论证协调会，确定了第一颗人造卫星的总体技术参数和各分系统技术方案，确定这颗卫星的技术水平要高于苏联、美国第一颗卫星；三级运载火箭的前两级用正在研制的中远程地地导弹改制，第三级为固体火箭；将这颗卫星命名为“东方红一号”；卫星总体技术方案通俗地概括为“上得去、抓得住、听得清、看得见”，这12个字便是卫星要实现的目标。

技术目标确定以后，需要对大量没有论证清楚的问题进行逐一落实，比如空间的环境状况和温度参数，需要什么样的试验设施和指标参数，尤其是理论的设想方案如何在实际中实现，地面产品如何满足空间环境条件。当时，航天系统还没有建立总设计师制度，技术总负责人就相当于现在的总设计师。作为卫星技术总负责人的孙家栋，大胆地提出对原来的卫星方案进行简化，并说服了一些老专家，把卫星研制计划分为两步走，即先用最短的时间实现卫星上天，在解决了有无问题的基础上，再研制带有探测功能的应用卫星。孙家栋的大胆设想，立即得到了大多数人的赞成和认可。

在简化方案这一创造性的原则下，技术人员立即对卫星原方案展开了修改和简化设计。能源系统采用银锌化学电池组供电方案，去掉太阳能电池加镉镍电池供电部分和姿态控制部分，只保留姿态测量用的红外地平仪和太阳角计。最后确定东方红一号卫星由结构、热控、电源、短波遥测、跟踪、无线电和《东方红》乐音装置以及姿态测量部件组成，总质量控制在 173 千克左右，直径 1 米，外形为近似圆球的 72 面体，采用自旋稳定方式在空间运行。另外，在末级火箭上设置“观测裙”，以提高其在空间运行时的亮度，使人们不仅在地面上能听到卫星发送的《东方红》乐曲，还能看到卫星在空间运行的轨迹。

王建蒙　提供

东方红一号卫星

组装中的东方红一号卫星

抢建“亚洲第一试车台”

建设当时亚洲最大推力的液体火箭发动机试车台，是三线建设者艰苦奋斗、自强不息的壮举。

试车台设计是在一无图纸、二无资料的情况下进行的。科研人员床板当图板，靠一支铅笔、一把对数计算尺和一把丁字尺来进行大型试车台的设计任务。建设者靠土爬杆、人力绞盘、卷扬机等土洋结合的办法，把主体工程16个近200吨重的高压容器、各200吨的试车架和200多个大型测压测力计、直径200~800毫米的不锈钢大阀门架到了试车台上安装就位。广大建设者经过三年半的艰苦努力，建成了我国第一座大推力液体火箭发动机垂直试车台，十几项关键技术跻身世界先进水平。

1969年6月14日，新建成的试车台进行了我国远程火箭一级发动机考台试车，标志着067基地全面建成，投入使用。

航天六院　提供

建设中的大型液体火箭发动机试车台

1969 年 6 月，大型液体火箭发动机试车台建成

在三线基地研制固体推进剂

在我所从事的复合固体推进剂的研制工作中，东方红一号卫星用推进剂研制尤其令我记忆深刻。1964 年大学毕业后，我来到了 42 所从事复合固体推进剂研制工作。我参与研制的第一个配方，便是用于我国第一颗人造地球卫星“东方红一号”的实用配方，它后来获得了全国科学大会奖。

推进剂在研制中赶上了单位搬迁和“文革”非常时期。1965 年 9 月，42 所由四川泸州搬迁到了内蒙古基地。那里春天气候干燥、黄沙飞扬，冬天寒风刺骨、冰天雪地，而 42 所却“上无片瓦、下无寸土”，实验室、办公室、单身宿舍等都是借用 389 厂的。有家眷的同志借住在离基地十多里外的农村老乡家，每天上下班骑自行车或乘大卡车，顶着风、冒雨冒雪来回奔波。塞外的寒冬，单身宿舍下水不通，要到室外芦苇围成的无顶厕所大、小便，刮风、下雨、下雪时，冻得人浑身发抖。食堂是用芦苇搭成的，饭菜还没吃几口就都凉了，生活非常艰苦。但是在这样艰苦的条件面前，同志们没有被吓倒。大家为了祖国的航天事业，发扬自力更生、艰苦奋斗的精神，有条件要上，没有条件创造条件也要上。全所同志争分夺秒、只争朝夕，积极创造科研条件，一部分人做试验准备，一部分人挖暖气沟、包扎暖气管。经过大家努力，终于在搬迁后一个月，用研制的配方装了第一锅药，得到了振奋人心的力学性能数据。

1967 年年初我才知道，四院要承担用于发射我国第一颗人造地球卫星“东方红一号”的长征一号运载火箭第三级固体发动机的研制任务。研制时间非常紧迫，整个固体发动机研制时间不到三年，配方研制时间更短，仅为两年左右。在短时间内要完成配方研制，我既感到光荣，又不免有些担心。

因为当时正处于“文革”时期，上、下班秩序不正常，增加了完成任务的困难。但同志们干劲十足，在任务动员会上，组里的王连生同志甚至发出“卫星不上天，我不结婚”的豪言壮语。最终，我们相继克服了超细铝粉研制、三氧化铝沉积等问题，于1969年二季度圆满地完成了实用固体发动机装药的交付任务。照片反映的就是该配方的某次试车吊装。

固体发动机试车吊装

1970年4月24日，是我国第一颗人造地球卫星“东方红一号”发射成功的日子，是我们从事复合固体推进剂研制的航天人永远牢记的日子。当我们听到东方红一号卫星传来的《东方红》乐曲时，心情激动不已，久久不能平静。我国复合固体推进剂研制事业，走的是一条完全自力更生的道路。在发达国家全面封锁、没有现成资料可供参考、也没有外国专家帮助的情况下，大家自力更生、发奋图强、不怕困难、不怕牺牲，用智慧和双手，从无到有、从小到大，创建了我国复合固体推进剂事业，并使它获得了长足的发展。

回忆往事，我感到老一代航天人没有虚度年华，我们为祖国的复合固体推进剂研制事业做出了应有的贡献。

陈荣定　提供

厕所里面做试验

1969年11月，某型号战略导弹的姿控发动机研制工作迫在眉睫。067基地11所的科研人员要进行试验，必须到十余千米的外区，来回需走四个小时。研制人员经常加班至深夜12点，再走回宿舍，已是凌晨2点多。为了节约时间，设计人员心急火燎，恨不得在办公室附近“变”出一个实验室来！

然而，谁都知道，要建起一间实验室，要经过层层审批。时间不等人！进度不等人！

苦思冥想之际，有人提出了一个大胆的建议：邻近宿舍的河沟边有一个厕所，上厕所的人很少，可“暂借”做个临时实验室。说干就干，大家一齐动手，用河沟水把厕所粪池冲洗干净，做污水池；用水泥将蹲坑堵上，女厕所做实验间，男厕所做试验控制、操作间，兼做装配间；在男、女厕所中间的隔墙上打个洞，安上有机玻璃做防爆观察窗；再在厕所旁边搭个临时棚做介质间，安装电线、电灯和取暖器；大家又把原来的简易试验设备搬了过来，进行部分改装。厕所实验室终于诞生了。

大家原本想把肼催化分解推力室方案搞出来后就停止试验，恢复厕所。没想到，由于难关一个接一个地出现，任务又要求很急，试验任务接踵而至，厕所实验室的工作量排得满满的，想停都停不下来。那时的防护条件极差，也没有什么保健措施，科研人员整天在肼及分解气体环境中工作，被散发出的气味熏得头晕脑胀，眼睛红肿，恶心，吃不下饭，睡不着觉。

尽管条件艰苦，但航天人的工作热情始终不减。秋天，试验间隙，他们在厕所实验室旁的核桃树下休息，捡一些掉下来的核桃吃，算是一种特殊享

我国第一台战略导弹姿态控制发动机的雏形在厕所实验室里诞生

受，大家还把核桃趣称为“高级营养保健品”。科研人员边吃边聊，有人说：“发达国家怎能想到，中国人竟能在这样简陋的‘厕所实验室’搞出来先进的战略导弹姿控发动机！”有人接茬说：“不用说国外，再过几十年，我们的年轻一代能相信吗？”

信或不信，三线航天人从 1970 年开始，便在这间厕所实验室里做试验，一试就是十多年。洲际战略导弹姿控发动机上所有单机攻关试验和预研性试验，都是在这个厕所实验室完成的，试验总启动次数达数十万次。

巍巍群山，莽莽崇岭，隐匿着太多航天人奉献的秘密。

张美书　杨　军　文　航天六院十一所　图

一个点子一个亿

1970年，潜射导弹研制工作进入试验阶段，各项建设工程也随之展开。其中规模最大的一项，是在黄土高原建设按国外研制程序设计的模拟潜艇水下发射条件的陆上水池。这个水池长50多米、宽30多米、深30多米，将耗资上亿元。

时任总体设计部负责人的黄纬禄在考察完正在建设的陆上水池后，皱起了眉头。他想："我们的科研经费是人民节衣缩食省出来的，国家底子薄，经济困难……能不能在不降低指标性能、不延长研制周期的情况下省一点……能不能找一个陆上水池替代方案？"

经过与同事们仔细地分析论证，黄纬禄提出一个大胆的建议：取消导弹陆上水池水下发射试验，撤销黄土高坡在建的庞大工程。并提出了"台、筒、艇"的试验方案：第一步，在陆上发射台做发射试验；第二步，在陆上发射筒中发射导弹；第三步，在潜艇上打遥测弹。

建议很快被国防科委采纳，陆上水池工程停止了。三步走的试验程序，省去了一个投资巨大的陆上水池，大大简化了试验设施，节约了大量研制经费，缩短了研制时间，形成了一种具有中国特色的试验程序。

黄纬禄又提出利用南京长江大桥做导弹投放试验的方案，以考核弹体结构入水强度和检验入水深度。之所以相中这里，是因为当时国内只有南京长江大桥离水面的高度及桥下水的深度接近试验要求。

南京军区司令员许世友得知情况后，赞叹道："一个科学点子，节约一个亿，了不起！"在试验前夕，他以"钓大鱼"的名义下达了大桥戒严令，还特意带上钓具和猎枪去巡视戒严部队，看望试验队员。

1970 年 7 月，黄纬禄（中）和科技人员在南京长江大桥上做导弹模型投放试验

7月的南京，骄阳似火。50多岁的黄纬禄和总体部的技术人员一样，身穿短裤，脚蹬凉鞋，在大桥上准备试验。试验人员在长江岸边的码头上借了几间工人宿舍和附近的一块平地作为住所和技术阵地。白天他们顶着烈日工作，汗水浸透了他们的工作服，积下的白色汗碱一层又一层，有人干脆脱掉贴在身上的衣服，很快皮肤就被晒脱了一层；到了晚上，宿舍里潮热难耐，不挂蚊帐，人被蚊子咬得睡不着，挂上蚊帐，又热得睡不着觉，一早起床人人汗流满身，席子上留下湿漉漉、完整的人体轮廓。试验前，模型弹壳体内需要粘贴一个橡皮胶囊。烈日下壳体内的温度高达50度，且密不透风，胶接剂挥发出的气味令人作呕。然而，技术人员毫不退缩，他们光着膀子，穿着短裤，弯腰蹲在壳体内操作，任凭汗水淌满全身。大家10分钟轮换一次，经过十几次的轮换，胶囊终于贴好了。

通过模型弹不同投放姿态的入水试验，航天人考核了弹体结构强度，测得了弹体落水深度。1970年8月，试验队圆满完成了导弹落水冲击试验，测得了不同投放姿态下弹体载荷、入水深度等参数，获得了宝贵的资料。

刘登锐　石　磊　提供

研制返回式卫星姿控系统

1970年，在杨嘉墀领导下，研制人员对姿态控制系统的初样产品进行了三次大型模拟试验，利用三轴机械转台进行了半物理模拟试验，利用单轴气浮台和三轴气浮台分别进行了全物理模拟试验。

通过这些大型试验，验证了系统的可靠性和正确性，选定了系统的一些参数。方案中采用了增益自调整、参数最优选择等技术，使该系统性能指标达到20世纪70年代初的世界先进水平。

在星上各系统中，姿态控制系统率先对元器件、部件乃至整个系统进行了可靠性分析和评估，最早制定了元器件筛选和质量控制的各项制度，对保护产品质量起了很好的作用。

杨照德　熊延岭　提供

1970 年，杨嘉墀在进行返回式卫星姿控系统半物理模拟试验

集智攻关成果多

1970年3月25日，国防科委在武汉召开有关加速研制某发动机及其推进剂原材料的会议，参加会议的单位有七机部、冶金部、化工部及有关高校的代表。在会上，与会代表一致建议，由七机部四院42所为主导，以湖北省武汉地区的科研队伍为骨干，组织小分队，重点对有关氧化剂、粘合剂及有关添加剂进行大会战，简称“325”大会战。

1970年12月初，42所派12名科研骨干作为先头部队，与武汉地区的18个单位取得联系，在初步完成选点之后，12月21日，又派出69名技术骨干参加会战。我是这69名骨干中的一名，参加了一个由12人组成的小组，专门从事某原材料的合成，简称“611小组”。我们一到化学助剂厂，就放下行李，在会战指挥部的领导下，马上投入紧张的工作中，首先是筹建实验室，购器材、买原料、改装工房，三天时间组建完约70平方米的实验室三间，七天时间合成出合格的“611”样品数千克。

会战期间，条件差，困难多，停水、停电情况时有发生。素有“火炉”之称的武汉，夏天没电风扇，大家夜间常到屋顶上去睡；冬天没暖气，屋内屋外温差不大，大家只好多穿点棉衣，以避风寒。但会战的同志们，怀着为国争光、为国防出力、为超越世界先进水平拼搏的精神，工作照样干，加班随时到，有时就吃睡在工作现场。小组成员在工作中不分彼此，不计得失，团结一致，脏活、累活、危险活抢着干。组里的四位女将，不计较男女之间的差别，跟我们干同样的活。有的年轻妈妈家里还有吃奶的孩子，男同胞们想照顾她们一下，她们却舍不得离开实验室，提前给幼儿断奶。组长陈玉印，既是我们的课题负责人，又是具体操作者，除了具体工作之外，还要查看、

参加“325”大会战的部分同志合影

收集大量的外文资料，并和组员们商讨试验方案。我们生活在这样一个大家庭里，心情特别舒畅，干劲倍增，总觉得有使不完的劲。

生活上，厂里把我们照顾得无微不至，厂长、书记经常来看我们，问寒问暖。我们生病时享受厂职工待遇，受伤时更是受到他们无微不至的关怀。领导的关怀给了我们更大的工作动力。42 所的杨德隆和我，制氨厂的杨元庆，医工研究所的刘仁培，在负伤治愈后，即刻再次投身会战。胡家珍同志的丈夫在会战中不幸光荣牺牲，她化悲痛为力量，仍坚持参加会战。我受伤住院期间，“611 小组”的成员们，白天忙工作，夜晚还要抽空来医院照看我。每当忆及此事，心里总觉得欠他们的太多太多。这战友情、同志爱是我这一生中最宝贵的精神财富。

就是凭着这种拼搏精神，“325”会战进行了 34 个项目的研制，提供了两吨多原料和样品，完成了 60 多篇报告，有五个项目被评为 1978 年、1979 年国防尖端科研成果四等奖。“325”会战虽然于 1979 年 8 月结束，但会战所激起的精神将永远是我取之不尽、用之不竭的精神动力。

杜天德　提供

就地取材建三线

1971年，062工程7111厂在大巴山腹地开工建厂。开工后不久，因运输力量不足，砖块供应不上，眼看就要停工待料。面对这种情况，7111厂一不等、二不靠，组织了180多名山区石匠，到附近的山上开山凿石。几个月后，厂区对面的鸡公岭山腰上就堆满了数千立方米的石头。

可是鸡公岭上没有路，运石下山非常危险，怎么办呢？有人想出了“滚着石头下山”的办法。从斜坡上将石头滚下山，又安全、又省力。于是该厂组织起运石大会战，多数人就近将分散的石头抬到山腰上垒起一座座石墙，少数大力士专门负责将抬来的石头往山下推。没几天，堆成小山的石头就乖乖地下了山。

筹建基地初期，062基地各单位先后多次组织了这样的运石大会战，仅7111厂组织的两次会战，就搬运石头4111立方米，折合310万块砖，若用汽车运输需500台次，有效地解决了当时的燃眉之急。

王晓彦　提供

7111 厂职工在搬运石头

艰苦条件下研制新型发射台

1971年，国家将研制新型发射台的任务交给航天519厂。新型发射台与发射我国第一颗人造地球卫星“东方红一号”的发射台相比，体积更大、功能更多、结构更复杂，将是国内最先进的航天发射装置。当时519厂一无经验、二缺设备、三少资金，一切都要从零起步，自力更生。

那个年代，无论是生活条件，还是生产条件，都十分简陋。吃的是窝窝头，用的是大锤、锉刀、普通车床等最简单的工具、设备。为研制这个发射台，国家专门按其所需的参数，给航天519厂设计生产了一台大型立车。

面对党和国家的信任与支持，重任在肩的航天519厂人都投入到这场攻坚战中。在简陋的生产条件下，各岗位人员集智攻关，历经无数次尝试与失败，终于设计了许多实用高效的工装，确保了产品的顺利研发。发射台大型轨道上的R滚道，加工精度要求特别高，尺寸要控制在几丝以内，表面光滑得如同镜面。几丝有多粗呢，人的一根细细的头发就有6~8丝。这么高的精度，不仅仅是对操作技术的考验，也是对刀具刃磨技术的考验。当时R刀的刃磨是手工砂轮磨制，磨制时全靠人手工感觉和

技术工人工作场景

肉眼看，然后用 R 样板校对。但就在这种条件下，519 厂的技术工人陈丙丁采用手工磨制，然后用油石打磨的方法，磨制出符合要求的 R 刀。

组焊成的发射台因焊接变形、结构复杂、尺寸精度高，增加了立车加工的难度。而一旦出了差错，不仅前面的工作付出会化为乌有，还会影响到产品如期交付。几经斟酌，加工方案才最终确定。发射台装夹固定后，要车床不停转地加工六七天。职工两班倒，一班 12 个小时，由工厂送饭，一人三个窝窝头，没有菜没有汤，只能就着白开水吃。立车组组长陈丙丁由于放心不下，生怕在加工过程中出现什么差错，一步也不敢离开。可一天三顿窝窝头，谁的胃也受不了。他就想，如果能吃顿菜包子该有多好啊！在当时粮食十分紧张的情况下，工厂特意让食堂给陈师傅做了顿包子，最大限度地保证生产骨干的体力。陈丙丁师傅不分昼夜地连续盯了五天，困了就在工房的长凳上稍稍打个盹，直到加工完成交验合格后，才放心地回家休息。

生活的艰苦和生产条件的简陋，动摇不了 519 厂员工研制航天产品的决心，当看到自己研制生产的发射平台一次又一次圆满完成飞行试验时，519 厂的职工们感觉无比欣慰，觉得吃再多的苦也值了。

吴海生　陈海燕　提供

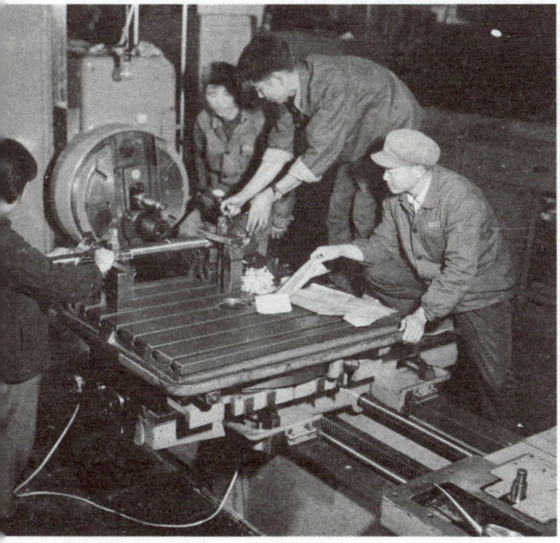

技术工人手工磨制 R 刀

技术工人在讨论问题

吊装"450-1"天线座

"450-1"天伺馈系统是450-1中国卫星微波统一载波测控系统地面站的重要组成部分。"450-1"具有单站测量、定轨、遥测等多种功能，可对飞行在太空中的通信卫星实行准确测量和控制。

1974年4月，七机部召开"450-1"工程方案论证会，会议决定由二院23所负责"450-1"的天线、天线座、伺服系统和轴角编码器的研制任务，同时负责角回路的技术抓总。

轭架式天线座由箱板式焊接俯仰座和静压轴承转台组成。天线座尺寸高6.25米，宽3.6米，总重66吨，旋转部分重43吨。

天线座从1979年开始生产，1980年6月运抵北京701库进行吊装，1981年天伺馈系统在北京完成安装调试和校飞试验，1983年在福建闽西完成测试和校飞试验，1984年执行我国卫星测控任务，"450-1"天线座作为支撑子项之一的东方红二号卫星微波统一测控系统，于1985年荣获国家科学技术进步奖特等奖。

该照片为1980年6月在某试验场，23所组织"450-1"天伺馈系统天线座的吊装。图中：右一为23所"450-1"天伺馈系统总指挥叶建华；右二为系统副主任设计师、天线外场试验队副队长苏恩惠；右三为系统主管设计师蔡澜；右四为23所二室负责人杜有奇；右五为23所二室负责人张金海。

苏恩惠　提供

1980 年 6 月，科技人员在某试验场吊装“450-1”天伺馈系统天线座

生死关头转运推进剂

1981年特大洪灾期间，洪水泥石流严重威胁着两个推进剂库房，库房后的山体出现了宽30多厘米、长40多米的裂缝。当时这两个库房分别储存着上百吨的易燃易爆剧毒推进剂，一旦滑塌山体挤压库房，上百吨的易燃易爆剧毒推进剂将会发生爆炸和外泄，科研生产试验区所处的红光沟将会变成一片火海，万余名职工及家属的生命危在旦夕。而且有毒有害推进剂沿安河顺流而下，会严重污染嘉陵江水，可能使中下游人畜中毒、良田被毁，后果不堪设想。广大职工冒着剧毒推进剂随时可能爆炸、泄漏的危险，连续奋战18个小时，圆满完成了转运推进剂的任务，保卫了国家财产和人民生命安全，谱写了一曲生死抢险的壮歌。

航天六院　提供

科技人员在转运推进剂

“风暴”托起三颗星

利用一枚火箭发射三颗卫星，这是一个大胆的设想，当时在国际上，除了苏联和美国外，还没有第三个国家进行过这样的尝试。1978 年，用上海研制的风暴一号运载火箭发射三颗实践二号科学实验卫星的任务列入国家计划。“四人帮”刚被粉碎不久，国家把如此重大的任务交给上海机电二局(上海航天技术研究院的前身)，无疑是十分鼓舞人心的。

用一枚火箭同时发射三颗卫星，必须在技术上有新的突破。例如：为了提高卫星入轨精度，我们进一步控制了控制系统惯性器件可能引起的误差，改进了制导方法；为了尽可能提高卫星的轨道高度，以增加卫星生存时间，我们又进一步挖掘潜力，提高了火箭的运载能力。时任上海基地火箭总体主任设计师的施金苗与各分系统研制单位协同配合，在不做大的设计更改的前提下，对这些重大的技术问题，都想尽办法给予了解决。

1979 年 7 月，风暴一号运载火箭第一次发射三颗实践二号卫星，因二级游动发射机故障而失败。当时我们的心情十分沉重，由于工作没有做好，不仅火箭损失了，而且把七机部和中科院联合研制的卫星一并葬送了，造成了巨大的经济损失和政治上的不利影响。全国人大常委会委员长叶剑英及时给我们发来电报：“失败是成功之母，总结经验，

风暴一号运载火箭携带三颗卫星挺立在发射台上

再接再厉。”给了我们很大鼓舞。从1979年9月到1981年9月整整两年时间中，很多同志没有节假日，有的连元旦和春节仍坚守岗位，奋力拼搏，他们的目标很明确，不带任何疑点和隐患上天。

经过八次大检查，七机部评审，国防科委批准，风暴一号运载火箭终于在1981年8月出厂。8月18日，专列安全抵达酒泉卫星发射中心，仅花20天时间，所有各项检查都一次通过，这在历史上是从来没有过的。当检查完毕准备封舱时，却发现一级发动机壳体上方有一滴油。为了搞清楚这一滴油的来源，我们反复查询并用医用注射器吸取微量油脂送上海有机所化验，最后证实是箭体上的润滑油被照明灯泡的热度融化后滴落所致。

1981年9月20日清晨5时28分，运载火箭准时点火，携带三颗卫星从发射台起飞；7秒钟后，火箭开始朝东南方向转弯；起飞后7分20秒，三颗卫星按程序与火箭逐一分离，进入预定轨道。众人欢呼，互相祝贺，两年的辛勤工作换来了成功。国内的广播电视、报刊纷纷发表了我国首次用一枚火箭发射三颗卫星获得成功的消息，国外媒体也给予了很高评价。

余仲舒　提供

爬着铁轨奔赴发射场

1981年10月，067基地职工在一手抓抗洪抢险、一手抓恢复科研生产的特殊时期，接到立即组成试验队参加远程火箭遥测弹飞行试验的命令。11名参试人员在30多名“敢死队员”的护送下，接受了一次穿越铁轨执行特殊任务的考验。

在油房沟火车站，公路已被山体滑坡完全堵死，唯一的“路”就是横跨河水的一条近30米长的悬空“铁路”，支撑铁轨的四个桥墩已被洪水全部冲走，只有两根铁轨连带着枕木悬在约四层楼高的空中，下边是滔滔河水。山体滑坡随时可能再次发生，大风吹得铁轨在半空中晃动，人在上面随时有被大风吹落的危险，一旦脚步踏空，就会粉身碎骨。

科技人员抬着仪器设备，穿越铁轨前往发射基地

为了安全过桥，每次只能由两个人抬一个木箱过去。关键时刻，队员们将木箱放在单根铁轨上，

科技人员将仪器设备放在铁轨上向前推进

箱子前后各有一个人扶着前行。大家小心翼翼，将腿跨在单根铁轨两侧坐在铁轨上，前面的人拉着箱子，后面的人推着箱子，一点一点前进，终于到达对岸，完成了一次也许只有在《飞夺沪定桥》电影里才能见到的“舍命穿越”的艰难旅程。

航天六院 11 所宣传部　提供

检测导弹发射架

“红二”为我国20世纪主要中高空防空系统，在国土防空作战中，多次击落入侵的美制U–2高空侦察机和无人驾驶侦察机，为捍卫祖国领空立下了赫赫战功。

“红二改”是“红二”系统数字化控制的改型，它提高了系统的灵活性和准确性。

该照片为1982年23所工程技术人员在空军某基地对“红二改”发射架系统进行试验前的检测。这次打靶取得了单发、双发和三连发的成功，为装备部队和外贸出口奠定了基础。

周永清　提供

工程技术人员在对“红二改”发射架系统进行检测

筹建雷达情报网

“文化大革命”结束后，航天部科技委领导为恢复和倡导各专业单位开展科技情报学术交流，委托航天科技情报所牵头，组建各专业科技情报学术交流网，该情报网共由十几个专业网组成。

1982 年 7 月，航天科技情报所领导召集部内与雷达研制有关的研究所、工厂、院校，在北京召开雷达情报网成立筹备会。会上研究了情报网的任务、工作内容、组织活动形式、经费保证等事项。经协商，一致推举 23 所为雷达情报网的网长单位，负责情报网的日常组织联络工作；上海有线电厂、061 基地、国防大学等单位为副网长单位；网员包括航天部、电子部、军队所属的相关研究所和工厂，以及地方院校等 30 多个单位。情报网每年组织 1~2 次情报学术交流活动，出版交流文集，并向部科技委汇报，提出建议。

雷达情报网的建立，在“文革”结束后的拨乱反正、工作重心转移到经济建设上来这一历史时期，对航天技术的发展起到了一定的积极作用。

徐月泉　提供

1982 年 7 月，参加雷达情报网筹备会的部分人员合影

半山腰上的试车台

这是 1982 年某日航天六院 165 所红光地区 2 号试车台某型号推力室点火热试车的实景照片。

重新细看这张照片，我不由自主地联想起 1966 年 4 月响应毛主席“一定要把三线建设好”的号召，积极参加三线建设的光荣历程。

三线建设是党中央的伟大战略决策。原七机部一院 067 基地选址工作于 1964 年开始，在各级领导的参与下，1965 年将液体火箭发动机研制基地选定在秦岭山区南麓的某条山沟内，凤县政府特将研制基地占用的这条山沟规划建成了红光公社。165 试验站就建在人烟稀少的一条支沟内。

红光 2 号试车台建设充分体现了三线建设“进山、分散、隐蔽”的方针，从照片可以看出，试车台选址在半山腰上，挖掉了一座小山头。出于隐蔽需要，试车台主体的建设高度尽量降低，为此，推进剂供应贮箱首次采用了球形容器。照片中试车台前面混凝土墙上刷有“中国共产党万岁”，背面墙上刷有“伟大领袖毛主席万岁”。这是“文革”时期人们思想文化的印证和痕迹。

红光 2 号试车台自 1967 年 8 月放炮开山开始，经过设计、土建施工、系统设备安装调试等过程，于 1970 年 12 月 28 日建成投产，至今已完成近 20 个型号产品数百次试验任务。它为我国的东风系列导弹、长征系列火箭所用发动机

半山腰上的红光 2 号试车台

和液氧 / 煤油发动机研制任务做出了突出贡献。

红光 2 号试车台目前依然屹立在红光沟的半山腰上，它还将继续承担重要的型号研制试验任务，它是三线建设辉煌成就的一个亮点。

雷茂长　提供

宋健视察“331”工程

1983年7月12日，航天工业部副部长宋健在西安测控中心渭南站看望了549厂的450-2丙微波统一载波测控引导设备试验队。

试验队领队王祥贵、王玉光向宋健副部长做了工作汇报，项目副主任设计师吴恺介绍了设备状态，并陪同宋健视察了工作现场。宋健副部长详细了解了450-2丙设备采

航天工业部副部长宋健在了解设备工作状态

用宽波束加角度扇扫和高系统灵敏度加阶梯扫描频率分析等新技术后的工作状态，特别是对设备的稳定性、可靠性非常关注。他一再强调，450–2 丙设备虽小，但是五脏俱全，用 2 米多的小天线引导 10 多米的大天线，任务艰巨，地位重要，要求参试人员周到细致、万无一失、一丝不苟、扎实工作，确保 450–2 丙稳妥可靠地引导渭南的 155 设备和闽西的 450–1 设备。

331 试验通信卫星首次发射试验，检验了 450–2 丙，设备的优良设计、精湛工艺、高可靠性、卓越的捕获能力和独到的同频引导，得到国防科工委的认可。

薛长松　提供

更新换代的制导站

国内改革开放初期，部队装备的红旗二号武器系统使用的仍然是苏联20世纪50年代的技术，已明显过时。1979年9月，空军高炮部和航天23所签订了“红二制导站显示车坐标车改进”的课题任务书，简称“红二改”。这是改革开放之后23所与军方签订的第一个横向合同。

“红二”显示车、坐标车进行数字化、小型化改进后，与接口进行了相应更改的“红二”收发车、指令车一起组成的制导站，被称为“红二改”制导站。

照片中，“红二改”试验人员正在显示车上进行调试，一个人在调显示器组合上的旋钮，另一个人在注视着示波器。调旋钮的是“红二改”显示车主任设计师过建元，他负责显示车上所有控制组合的改进和全车总体设计。他工作认真，勇挑重担，平易近人。

别看照片中“红二改”显示车的模样和“红二”显示车差不多，可是显示器组合已是面目一新的数字化、小型化设备了。1984年，“红二改”进行靶场鉴定试验，结果八发八中。

鉴定会认为，“红二改”制导站是我国第一部使用数字计算机控制的制导站，标志着我国地空导弹技术发展到了一个新的水平。这项更新换代的改革是成功的，为制导雷达的发展闯出了一条新路子。

张文志　提供

“红二改”试验人员正在显示车上进行调试

导电橡胶的辉煌岁月

这张照片使我至今难忘。它镌刻着改革开放初期，航天人勇于投身市场、大胆发展民品的辉煌业绩。

改革开放初期，四院 42 所积极响应国家“军民结合、寓军于民”的发展方针，大力开发、发展民品。导电橡胶就是当时 42 所众多民品项目中的一颗耀眼的“明珠”。

1985 年，我带着航天 42 所研制的导电橡胶产品参加全国电子工业会议。会上，我利用会议的一个间隙，站在凳子上向大家介绍我们的产品，引起了与会人员的极大兴趣。也就是在这一年，导电橡胶连接器（导电棒）研制成功，获得航天部科技进步三等奖。

自 1980 年起，42 所就开始了导电橡胶的研制，开创了 42 所的多个首次和第一。

1983 年 10 月，由航天部民品司在襄樊市主持召开了导电橡胶片、导电橡胶连接器（导电棒）的部级鉴定会，导电橡胶制品受到航天部、四院和社会各界的重视与好评。

1984 年 10 月，42 所正式同意对橡胶生产车间实行“人、财、物、产、供、销、责、权、利”的放权。车间对外经营享有相对的独立法人地位，成为 42 所第一个实施生产经营放权的单位。此后，导电橡胶产品获得了迅速的发展。

1988 年 12 月，键盘按钮导电橡胶系列产品荣获湖北省优质产品证书；航天部授予键盘按钮导电橡胶优质产品证

全国电子工业会议间隙，笔者在介绍 42 所的导电橡胶产品

书。导电橡胶产品成为 42 所首次获得省、部级优质产品证书的产品。

1989 年 2 月，导弹橡胶产品又经国家工商行政管理局批准，成功注册“航飞牌”商标，获得 42 所首个民品注册商标。

此外，导电橡胶产品还是 42 所首个在沿海经济特区兴办合资企业的项目。

导电橡胶的辉煌，将铭记在人们的心中。

唐学伦　提供

培育航天接班人

30年前，三院教育中心前身北京第三航天工业学校成立（以下简称航校），在云岗北区原三院政治部托儿所内的简易平房里，在不具备办学条件的情况下，开始了艰难的办学之路。

建校初期，教学条件、办公条件都很差，校舍占地面积不足400平方米。

1985年9月，北京第三航天工业学校迎来第一批中专学生，三院院长易生、党委书记许祖凯和学校领导马震、秦长宁参加开学典礼

校舍有限，老师们只好挤在一间办公室里备课，校领导也只能与综合办的同志们在一个房间里用文件柜隔开办公。校舍陈旧，到了冬天暖气不热，只得烧煤油炉取暖。而电子电工实验室和实习工厂的设备，多数是三院其他单位淘汰调拨过来的。办学条件虽然艰苦，但航校人回忆起那段时光是自豪的，在这条路上，洒下了航校人无尽的辛勤和汗水，留下了一段美好的记忆。航校先后向院内外单位输送了近千名中等专业技术人才，一批批中专学生经过几年的锻炼，成为航天科研生产和管理岗位的栋梁之才。

1994 年，在院领导的亲切关怀下，由三院统筹规划设计，在北区一片荒坡上建起了现在的教学楼，从此教职工的办公环境、教学条件、教学设备得到改善，实现了先进的多媒体教学、信息化教学，教育培训环境、教学培训内容发生了翻天覆地的变化，为教育中心的后续发展奠定了基础。

今天的三院教育中心，已由最初的一支粉笔、一块黑板、一本教科书的全日制中专学历教育，发展成集三院党校、企业大学、研究生院于一体的培训党政管理干部、专业技术干部、技能人员，以及进行成人学历教育和社会培训的综合性教育基地。从三院航校起家到教育培训基地的建立，一切都在有条不紊地建设和发展着，中心每走一步，每个发展时期，都离不开三院党委、院领导的关心与支持，离不开中心党委的领导和广大干部职工的努力。站在新的起点上，教育中心全体干部职工将以高度的责任感和使命感，在三院教育培训这块土壤上辛勤耕耘，创造全新的教育培训文化理念，使我们的培训适应不同层次人员的培训要求，通过创新培训思路，突出中心教育培训特色，铸造三院教育中心培训项目的品牌。

刘志明　提供

一次大胆的风险决策

1986年2月1日，东方红二号甲实用通信卫星在西昌卫星发射中心发射成功。在这次发射中，主持发射工作的任新民冒着巨大风险，做了一次大胆的决策。

各项射前准备工作已经就绪，在发射控制室里的任新民正准备在发射任务书上签字。这时，广播里却传来了氢氧发动机舱氢浓度升高的消息。任新民一听，“啪”的一声合上发射任务书的夹子，随即起身，快步向发射塔架走去，径直来到氢氧发动机那层平台上。

他问搞氢浓度检测的同志：“你们认为氢浓度为什么会升高？”对方回答说：“可能是氧的固化温度高，先固化了。”任新民敏锐地反问：“那真空度为什么没提高？”对方嗫嚅地回答：“这我就说不清楚了。”任新民最后平和地问：“根据你的判断，液氢贮箱泄漏的可能性有没有？”这位同志回答：“不大可能。”在场的其他人谁也不吭声，塔架的平台上鸦雀无声。这时，试验队队长、一院院长李伯勇走到任新民面前，轻声地问：“任主任，打不打？”任新民小声而坚定地说：“打！”

听到任新民坚定的回答，大家陆续走下发射塔架，回到各自的工作岗位。任新民郑重地在发射任务书上签了自己的名字。

这枚长征三号火箭不负众望，最终成功地将东方红二号甲实用通信卫星送入地球静止转移轨道。之后，这颗通信卫星按预定程序成功定点和投入使用，达到了设计要求。

事后，任新民谈起此事，心有余悸地说："这也是无奈之举，属风险决策。第一，这枚长征三号是当时打二备三剩下来的，已没有可换的贮箱；第二，当时党和国家领导人以及各部门的领导都聚集在指挥控制大厅，如果推迟发射，那影响就大了，逼上梁山哪！但我也有个基本判断，当时氢浓度增高的速度很慢，若是贮箱泄漏，那氢浓度会升高得很快。"

在这千钧一发之际，任新民的大胆决策使国家避免了经济损失，也彰显了其敢于负责、敢于决策、处置果断的胸怀与魄力。

谭邦治　提供

1986 年 2 月 1 日，东方红二号甲实用通信卫星在西昌卫星发射中心发射成功

带病指挥试验

1986年初秋，燕北山区一片金黄。二院副院长、某导弹武器系统总设计师钟山率领试验大军又一次来到小靶场练兵。

从进入试验现场，钟山就开始了紧张的试验准备工作。白天，他奔赴试验现场指挥作业，检查各方面的准备情况；晚上，他和各系统设计师们一次又一次地分析试验中可能出现的问题，并研究相应的应急措施，每天工作到深夜12点以后。

一天夜里，他忽然感到肚子疼痛难忍——几天来，他一直拉肚子，并伴有低烧，可一直没把它放在心上。

同志们立即把他送到当地医院，一检查，发现是急性痢疾，必须立即住院治疗。吃药、打针、输液……

试验就要开始了，钟山这个急性子哪能躺得住？住院不到20小时，病情刚一好转，他就要求医生提前拔下正在输液的针头，风风火火地返回了试验现场。试验队的同志们上午刚听说他住院，正为试验能否如期进行而担心，下午就见他回来了，大家既高兴又心酸。有的同志感慨地说："钟副院长真是在拼老命啊！"

精诚所至，金石为开。这次武器系统鉴定性摸底试验取得了圆满成功，取得了三发三中，击落三架靶机、靶标的好成绩。

钟山有感而发，填词《浪淘沙》：暮霭惊雷电，袅娜硝烟，巧逐天狼靶身残。天围猎手竟磋叹，妙哉引战！六冬朔风寒，长夜蹒跚，前关后追愁苦绵。众里寻他惊回首，春满人间。

侯萍梅　提供

钟山（左）与原航天工业部副部长程连昌（右）在试验现场

喜看雷达组件

照片中，陈敬熊正聚精会神地查看防空武器制导雷达中的一种特殊组件。1987 年，“红旗七号”即将定型。这标志着我国拥有了第二代防空武器，而且性能已接近国际先进水平。从照片中可以看到，陈敬熊以非常愉悦的心情，仔细端详并抚摸着来之不易的成果。

陈敬熊自 1950 年从交通大学研究生毕业参加工作以来，一直在国防部门从事地波传播、电磁场理论、天线与微波技术以及雷达信息等应用研究工作。20 世纪 50 年代，陈敬熊研究的贴近地面天线的理论，为依赖于地面传播的军事通信技术提供了设计依据并为部队所采用。50 年代末至 60 年代初所做的电磁波在高速飞行器绕射的研究，为导弹天线的理论与设计进行了一系列开创性工作。期间，他在国际上首先提出了麦克斯韦方程直接解法。根据这种解法，对于以柱体为边界的边值问题，其轴向电场与磁场各自满足关于各种源的非齐次波动方程式，而场强的其他分量可由此导出。这种方法较 70 年代美籍华人戴振铎提出的并矢格林函数法，运算更为简单且不易漏项。60 年代中，我国在研制第一代防空武器中，制导站天线系统误差超差，陈敬熊临危受命，受七机部副部长钱学森指派，赴西安 786 厂负责攻关。他在攻关小组其他人员的配合下，经过周密的分析推算和十多次的试验，找出了问题所在，采取了改进设计，不仅解决了问题，而且性能远远超过了苏联的原产品。此项技术成果不但使 20 多部即将报废的天线起死回生，也为后续大批高性能天线的生产提供了技术保证，满足了部队的急需，红旗二号导弹击落 U-2 飞机，陈敬熊功不可没。此项技术创新成果，荣获 1984 年国家发明一等奖，陈敬熊为第一发明人。

陈敬熊聚精会神地查看防空武器制导雷达中的一种特殊组件

陈敬熊在相控阵研究中推导出一整套天线单元输入导纳随扫描角变化的计算公式，并从理论上弄清楚该种天线产生“盲点”的机理，获得了国防科委 1978~1979 年度重大科技成果二等奖。1982 年，陈敬熊先后与徐燕生、李桂生、都世民等人合作，对微波器件、微带天线等方面进行了研究，取得了多项成果。

陈敬熊在设计研制卫星通信地面站天线中提出一套未见于文献而行之有效的降低天线旁瓣的公式，同时还将香农采样定理应用于拟合电离散点组成天线方向图形，明显优于用其他函数来拟合的效果。

陈敬熊先后在国内外刊物及国际会议上发表及宣读论文 40 余篇。他与李桂生合作撰写的专著《电磁理论中直接法与积分方程式》于 1987 年在科学出版社正式出版发行，成为从事这方面理论研究的科技人员和大专院校师生的参考书。

1988 年，年过花甲的陈敬熊仍然关注我国航天事业的发展。他和 23 所二室的科技人员共同分析解决红旗九号相控阵天线模拟试验中出现的移相器相位扩散、损耗大以及宽度匹配等问题。

苏恩惠　提供

我和国防部长握过手

1987年9月21日，时任中央军委副秘书长、国务委员、国防部长张爱萍来到位于大巴山腹地的四川航天7111厂（烽火厂）视察。

对于这位四川老乡，7111厂的员工非常熟悉和热爱。20世纪60年代开始进行三线建设时，062基地（现四川航天）最开始选址在甘肃天水，1966年2月邢台地震后，邓小平在火车上做出决定：“三线建设要远离地震带，建议搬入四川。”偌大一个四川，062基地到底落脚何处？正在彷徨时，张爱萍说：“干脆到我的老家——达县（现名达州）去吧。”于是，从达县到宣汉城，再到万源白沙，沿州河而上，选址定点人员爬遍了403条山沟，开始了50多个单位的建设工作。

经过20年的建设与发展，四川航天已经成为了稳固的战略大后方，而当年叱咤风云的司令员却慢慢地变成了古稀老人。三线建设的发展仍然牵动着老人的心，临退休前，老人还有一个愿望，那就是：“我想回老家去看看。”

在视察过位于万源白沙的062基地后，1987年9月21日，张爱萍来到了位于宣汉胡家锣鼓山下的7111厂，像关心自己的孩子一样对该厂的生产情况、员工的生活情况、民用产业的发展情况等进行了详细的了解和询问。“一套产品生产周期有多长？”在该厂负责总装的14车间，他询问产

张爱萍询问 7111 厂产品生产情况

张爱萍离开 7111 厂前，和大家一一握手告别

品生产进度。“职工生活用品在哪些地方采购？”在该厂供应科，他询问职工的生活情况。“小刀具的产量有多大？已经销往哪些地方？”在该厂民用产品生产车间，他询问着小刀具的发展。在该厂 32 号滑坡点，他久久地凝视着山体上因滑坡造成的大裂缝和员工治理滑坡打下的定坡桩，然后叮嘱：“必须有人随时观察滑坡情况，制订防范措施，不能让山体滑坡影响军工生产。必要时搬离这个地方。”在他的关怀下，1989 年，该厂的调迁报告得到上级批复。

照片中正与张爱萍握手的老烽火人罗中奇回忆：“临走前，张爱萍还提出要接见该厂后勤服务人员，得到消息的后勤服务人员高兴地跳了起来，一个个换上干净的工作服，整齐地站在招待所前等待着他的检阅。”一会儿，张爱萍手杵拐杖出现在大家面前，和大家一一握手告别。有的后勤人员回家后高兴地向家人炫耀：“我和国防部长握过手！”那种自豪和荣耀，让大家久久不能忘怀，激励着烽火人在发展的道路上砥砺前行。

张 华 提供

为国争光的风云一号气象卫星

风云一号卫星是我国自行研制的第一代太阳同步轨道气象卫星，又称极地轨道气象卫星。研制这种卫星旨在为我国的气象观测提供一种新的手段。风云一号卫星在轨运行时，向世界各地的气象台站发送当地的地区云图。

当时世界上只有美国和苏联发射过这类卫星。美国自60年代开始的30多年间共发射了45颗极轨气象卫星，现在运行的是第三代NOAA / TIROS-N极轨卫星，也是当今技术水平最高的业务应用气象卫星。我国发射的两颗风云一号气象卫星在总体技术上与TIROS-N卫星有一些差距，但标志气象卫星水平的最重要的技术性能指标，即图像质量已达到NOAA-11卫星的水平，这是一个很大的成功，为我国发展气象卫星奠定了很好的基础。

气象卫星在正常运行期间，发回了大批高质量的可见光和红外光谱图像，在中央电视台天气预报节目中，播发了多轨拼图及局部云图。卫星探测到的遥感资料经过加工处理后，生成了多种产品，通过多种途径提供给各用户，在气象预报、积雪监测、冰情服务、水体监测和环境监测等方面得到了实际应用，取得了良好的效益。例如：在北京亚运会期间，提供了亚洲区域和北京地区的云图，并为亚运会专门制作了亚欧彩色图，在天气预报节目中播出，为我国办好举世瞩目的体育盛会增添了光彩；1991年夏季，我国遭受了特大洪涝灾害，风云一号B星的云图资料对准确核定洪水受灾面积发挥了作用，取得了很好的社会效益。

风云一号气象卫星的云图，吸引了国外众多用户。美、英、德、意、澳、荷等国家，都接收分析了我国气象卫星的图像资料，一致认为图像质量是高水平的。联合国气象组织认为，我国风云一号卫星的成功发射，为国际气象事业做出了贡献。

孟执中　提供

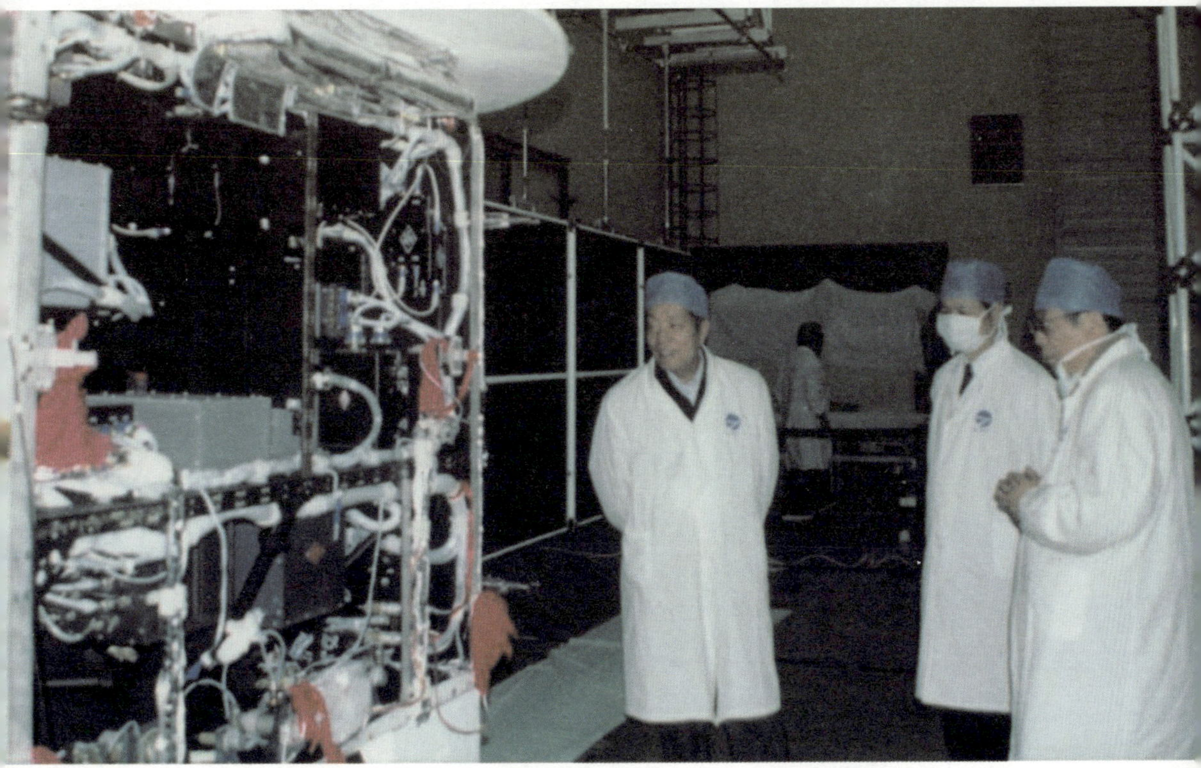

孟执中（左）与科研人员在风云一号卫星测试现场

海边试验

根据养马岛会议精神，我所受二院委托，组建了海红旗试验队，于 1989 年 9 月至 11 月，在青岛进行了海边摸底试验。

在海军航空兵的全力配合下，试验获得了大量有价值的数据，取得了圆满成功，为海红旗型号立项打下了坚实的基础。

海军航空兵为了保证试验的顺利进行，把当时仅有的一架可以进行低空超低空掠海飞行的直升机提供给飞行试验使用，由飞行大队长亲自驾机飞行。试验结束后，北海舰队和北海舰队航空兵的领导，先后会见了试验队全体成员，给了试验队全体同志以极大的鼓舞和鞭策。

乔瑞庆　提供

北海舰队领导和试验队全体成员合影留念

四个特别

从某种意义上讲，磨难也是一种财富。从 1965 年开始创业，在贫穷落后的秦岭腹地的 28 年里，067 基地的干部职工经历了太多的磨难，而三次特大洪水泥石流，又是其中特殊的磨难。067 基地的干部职工，在这些磨难下培育出了艰苦奋斗、无私奉献的风骨，创造了一个个惊天地、泣鬼神的奇迹。

067 基地抢险救灾的壮举得到了上级领导赞许。1990 年 12 月 30 日至 1991 年 1 月 2 日，航空航天部副部长刘纪原率领航天系统各院、局、基地一把手来到 067 基地，召开弘扬航天传统精神现场会，给 067 人以“特别能吃苦，特别能战斗，特别能忍耐，特别能奉献”的盛誉，特别授予 067 基地一面“艰苦奋斗的楷模，无私奉献的榜样”的锦旗。

航天六院　提供

航空航天部副部长刘纪原授予 067 基地一面印有“艰苦奋斗的楷模、无私奉献的榜样”的锦旗

小平同志视察上海航天

1991年1月底，小平同志提出要到上海航天局所属的火箭总装厂——上海新中华机器厂时，上海航天局紧急行动起来，花了一个多星期的时间，将上海航天局研制的战术导弹、运载火箭、风云一号气象卫星（该产品当时由隶属五院的509所研制，该单位已于1993年划归上海航天局），以及通过军转民开发出来的民用产品等集中到该厂火箭总装车间，布置成一个航天产品展览会，恭候小平同志的到来。同年2月13日上午9点50分，天上下着毛毛细雨，一辆考斯特面包车缓缓驶进了新中华机器厂的大门，在火箭总装车间的门口停下。只见小平同志在有关领导的陪同下，与早已迎候在那里的上海航天局领导、新中华厂领导一一握手。在参观前，上海航天局局长苏世堃首先向小平同志一行介绍了上海航天发展和壮大的历史，介绍了目前上海航天局所承担的军民品任务。接着，小平同志一行在局、厂领导的陪同下，参观各种各样的航天产品。在长征四号甲火箭旁，当听说该火箭连续发射成功时，小平同志高兴地说，你们贯彻执行质量第一的原则，外国做不到的，中国做到了，很了不起。他还说，上面把握方向，具体的实施还要靠你们干出来。在谈到航天事业需要有一个大发展时，他说，我们社会主义的优越性就在于当国家需要的时候，可以集中力量办成几件大事。在防空导弹的展台前参观时，小平同志仔细询问了导弹方面的有关情况，他希望上海航天局尽快形成批产能力，为国防现代化建设做出更大的贡献。

在参观完军工产品之后，邓小平等领导来到了上海航天局研制的部分民用产品跟前。

他们参观了航天牌电冰箱、上海牌电视机，以及为桑塔纳轿车国产化配

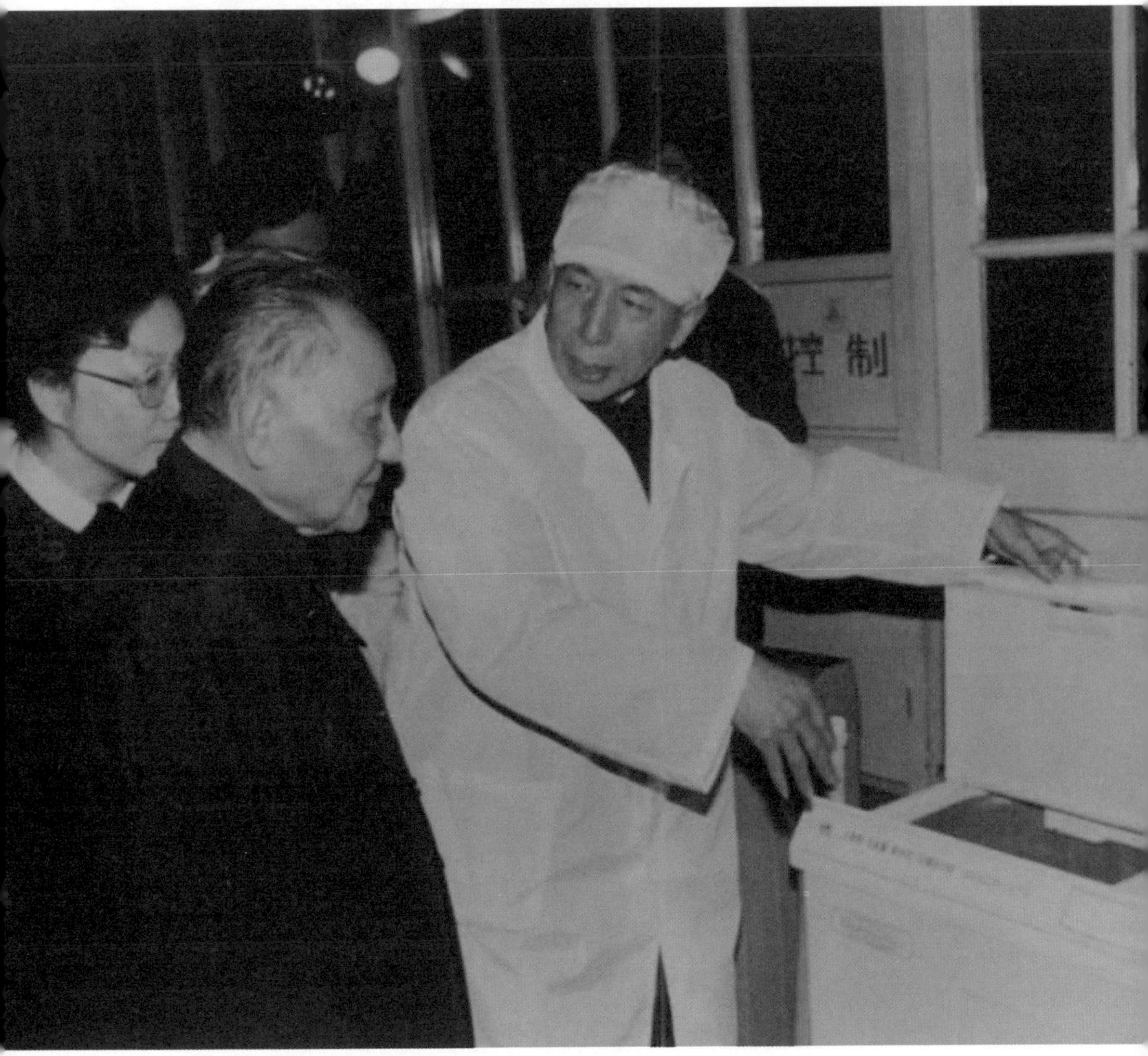

邓小平参观航天民用产品

邓小平接受上海航天局赠送的火箭模型

套而开发的车用空调和其他民用产品。当走到上海牌洗衣机前时，邓小平等领导表现出浓厚的兴趣，一行人饶有兴致地驻足观看，不时地询问着产品的性能和工厂生产能力。当小平同志得知上海航天基地已开发了 100 多种民用产品，民用产品产值已占总产值的 90% 时，高兴地说："没有改革开放，就没有这些。"

那天小平同志的精神状态很好，他兴致勃勃地边看边听介绍，虽然已是 80 多岁的高龄，但在参观和听取介绍过程中，他都一直站着。

短短的两多个小时过去了，邓小平一行即将离开新中华机器厂，在签名册上，邓小平用刚劲有力的笔锋，为上海航天人留下了珍贵的纪念。与在场的上海航天局党政领导和航天专家们合影之后，小平同志握着孙敬良总设计师的手说："感谢你们的工作。"在返回驻地的途中，他说："我们抓国防工业的军民结合，抓得比较早，这一条抓对了。”

两个多小时，在历史的长河中只是短暂的一瞬，但是，它留在上海航天人心中的却是历史的永恒，鼓舞鞭策着上海航天人去实现新的宏伟蓝图。

小平同志来上海航天视察工作所做的许多重要指示，对上海航天人是一个极大的鼓舞和激励。小平同志逝世后，许多当时陪同小平同志在场的上海航天人都悲痛万分，纷纷深切缅怀小平同志的丰功伟绩，以及对上海航天事业的关怀，并表示一定不辜负小平同志生前对上海航天的殷切期望，继承小平同志的遗志，为大力发展我国的航天事业做出应有的贡献。

游本凤　提供

力挽狂澜“龙抬头”

长征二号丁火箭是由八院抓总研制的一种新型低轨道二级火箭，它的前三次成功发射被中国航天工业总公司总经理刘纪原称为：中国航天的三次“龙抬头”。

1991 年 12 月 28 日，由于火箭发生故障，未能将一颗东方红二号甲通信卫星送入地球静止轨道。1992 年 3 月 22 日，我国一发捆绑式火箭发射澳大利亚 B1 通信卫星时，又因火箭故障，在点火后实施了紧急关机。这一天是中国航天人永远难忘的日子，也是“3·22 航天质量日”的由来。

1992 年 8 月 9 日，长征二号丁火箭肩负着重要的使命，昂然挺立在酒泉卫星发射中心的发射塔架上。这是一发不同寻常的火箭，因为全中国人民的眼睛都在盯着它，甚至全世界的目光都在它身上聚焦，成功与否，关系重大。

长征二号丁不负众望，一箭破苍穹，将一颗返回式科学试验卫星顺利送入预定轨道。

当时，正在甘肃考察的江泽民总书记得知这一喜讯后，感到很高兴，冒着雨到酒泉卫星发射中心，看望和慰问了试验队员们。

旗开得胜，扭转乾坤。刘纪原说，长征二号丁火箭在关键时刻的成功发射，意义重大，扭转了中国航天的被动局面，称得上是一次“龙抬头”。

中国航天在 1994 年上半年再次遭遇“寒流”。4 月 2 日，我国的第一颗风云二号气象卫星在即将发射之前，突然在西昌卫星发射中心技术厂房内发生了起火燃烧事故。面对重创，航天人没有泄气，没有灰心。同年 7 月 3 日，长征二号丁火箭在酒泉卫星发射中心首次启用小平台的特殊情况下，将我国

长征二号丁火箭发射升空

的第16颗返回式卫星成功地送入了太空，这又是一次“龙抬头”。

1995年至1996年间，中国航天又一次面临严峻的考验。1995年1月26日，长二捆火箭发射香港亚太二号通信卫星失利；1996年2月15日，长征三号乙火箭发射国际708号通信卫星时，再次失利；1996年8月18日，长征三号火箭发射中星七号通信卫星时，又一次失利。

中国航天又进入了一个十字路口，就在这关键时期，长征二号丁火箭又担负起重要使命。1996年10月20日，第三发长征二号丁火箭竖立在了酒泉卫星发射中心的发射场。下午15点20分，火箭尾部喷着烈焰，在众人的瞩目下冉冉升腾。成功了！航天人振臂高呼，戈壁滩顿时成了一片欢乐的海洋。这是长二丁火箭的第三次“龙抬头”。

龙抬头，扬威名。但“长二丁”并没有停下脚步，而是跃马扬鞭，不断奋进，不断创造新的辉煌。从1992年至2015年11月底，长二丁火箭在酒泉卫星发射中心一次次拔地而起，共成功发射了25次，为我国长征系列火箭一次次增光添彩。其间，“长二丁”还经历了三次设备改造、适应新发射工位、新一体化测发设备研制等重大技术改进。但这支队伍始终保持和发扬一以贯之的“六严”作风，不断吃透技术，不断技术创新，不断识别和控制风险，严格把好火箭质量关，确保了每一发火箭的发射成功。

游本凤　提供

为边防站安装卫星接收站

1993年10月，中国人民解放军总政治部、总参谋部和总后勤部，为加强边防建设，让边防部队的干部战士能及时看到电视节目，了解国内外的政治经济形势，丰富文化生活，决定给中俄、中蒙边防站配套安装卫星地面接收站。此项工作由北京军区政治部文化站负责落实。经过联系，23所天海公司承担了具体的安装调试任务。

天海公司高度重视这项工作，组织了几个安装小组，配备了有经验的安装调试人员，精心组织策划，准备物资器材，并提前将备齐的物资器材运到边防站。

边防站一般都处于人迹稀少、自然和生活条件比较艰苦的地区，安装小组的同志们在部队的支持下，克服施工和生活中的各种困难，加班加点，连续工作，大家心中只有一个目标，就是按时保质完成安装调试任务，使边防战士尽早收看到电视节目。

在安装调试过程中，安装小组得到了当地部队的大力支持和帮助。在中蒙边防站安装时，内蒙古军区布赫司令员指示："要接待好航天部的同志，要确保他们的生活和人身安全。"根据领导的安排，军区文化站站长全程陪同安装小组，在交通运输、物资、生活方面给予保障。

经过13天的紧张安装调试，天海公司安装小组行程3000千米，先后为中俄、中蒙边境上的12个边防站安装了地面卫星接收站，圆满完成了任务。同时，还对4个边防团的16个连队原有的地面卫星接收站进行了维修，得到了部队的好评。工程结束后，部队领导专程到天海公司表示感谢并赠送了锦旗。

翁仲铨　提供

中俄、中蒙边防站卫星地面接收站

部队领导向天海公司赠送锦旗

以干活漂亮为荣

1994年，经过20多年发展和建设的四川航天7111厂初具规模，生产已经走上正轨，呈现出蓬勃向上的发展态势。良好的发展前景吸引了大批年轻人涌入，为工厂的发展注入了新的活力。

这些年轻人非常珍惜“为国铸箭”的机会，为能亲手加工航天产品感到无比的骄傲和自豪。入厂后，他们努力学习技术，积极开动脑筋，攻克各种难题；自制工装，想方设法提高生产效率；自觉自愿、不计报酬地加班加点，努力完成生产任务。照片中身穿蓝色工作服正在加工产品的操作者覃燕回忆说：“那时候大家都‘以干活漂亮为荣，以干出废品为耻’，虽然嘴上不说，但明显能感觉到大家身上那股你追我赶的劲头儿。”

与此同时，工厂积极搭建各种平台，适时举办青工技术比武，促进操作者的技能不断提升。在那个年代，工厂青工技术比武机制还不健全，既没有每年或几年开展一次的规律，也没有和员工技能晋升挂钩的政策。但即使这样，也不是任何人都可以参加的，还需要经过师傅推荐，平时学习认真、技能水平高、工作质量稳定的员工才能参加。面对这难得的机遇，青年员工都争先恐后地参加，把比武作为锻炼自己、展示技能的机会。

比赛的监考老师除了人力资源部的干事郑晓红（后方

7111 厂青年工人技术比武

带红牌人员），还有车间里技术顶尖的老师傅，比赛的题目就是平时加工的产品，大家都来干，就比谁能把产品的精度控制得更好，谁加工的产品更漂亮。郑晓红说：“青年员工参加技术比武时非常认真，个个都铆足了劲，谁也不甘落后。”

张　华　提供

航天建设展风采

航天事业的发展，离不开航天建设者的奉献和支持。20 世纪 80 年代，正是改革开放风起云涌之时，一支解放军部队集体转业，成为中国航天工业系统的一支重要力量——陕西航天建筑工程有限公司。

这支施工队伍落户西安，被誉为陕西的一支施工劲旅。他们在古都扬起了“航天建设”的大旗，积极投身航天和当地的建设事业，为航天事业发展和地方经济建设做出了突出贡献，成为陕西乃至全国的优秀施工企业。1986 年至 1996 年，正是航天 067 基地（现航天科技六院）从秦岭山区搬迁西安、大规模建设之际，西安南郊，凤栖原上，一座航天新城的建设拉开了序幕。陕西航建公司义不容辞，率先承担了科研设施、试验站台、生产厂房、职工住宅、服务大楼等多项施工任务。工地上红旗招展、塔吊林立、汽车穿梭、焊花闪烁，一派繁忙景象。建设者们住小房，建大房，夜以继日，顽强奋战，将一张张图纸化为现实，让一座座建筑拔地而起，在航天新城建设中显示了实力，展现了风采。建成的工程项目，建筑面积达 30 多万平方米，质量上乘，速度惊人。

1996 年 8 月 22 日，我作为陕西航建公司的宣传干部，陪同陕西日报记者到工地采访。时值盛夏，职工们顶着烈日，坚持高空作业，正在吊装跨度 42 米的厂房屋架。工程技术人员和管理人员精心组织，精心施工，全神贯注，一丝不苟。记者被这一场景所感动，拍下了这一镜头，留下了航天建设者献身航天事业的珍贵记录。照片中工程技术人员和管理人员正在讨论施工问题。

王雄文　文　王天育　摄

工程技术人员和管理人员正在讨论施工问题

在“风云”中崛起

1997年6月10日20时01分，在西昌卫星发射中心，随着一声震天巨响，长征三号运载火箭载着风云二号气象卫星腾空而起，直刺青天；6月11日，风云二号卫星顺利实现二次分离，成功变轨；6月17日，卫星定点于东经105度赤道上空；6月22日，发回了第一张云图；其后，卫星状态良好，各项性能指标满足用户要求，进入业务运营阶段，其整体性能达到了国际90年代同类卫星水平。

风云二号卫星的成功来之不易，期间经历过各种挫折、困难。

我们永远不会忘记1994年4月2日这个刻骨铭心的日子。这天，花费广大科技人员近八年心血的风云二号气象卫星在西昌卫星发射中心测试厂房起火被毁，许多在现场的技术骨干受伤。中国航天工业总公司专家委员会经过半年的缜密调查，确认了“四·二事故”并非人为操作失误和责任事故，而是由一种过去未曾认识的情况所引起的，它反映了技术人员水平和经验的局限性。全所广大科技人员卸下了沉重的心理包袱。1995年年初“风云二号”工作会议后，我们在极短的时间内，又有序地建立了设计、生产、调度等主要工作线，开始02星的研制，重塑509所的形象。

从困境中走出来，许多工作都要重启，许多难关需要攻克。由于01星事故是由无水肼泄漏引起的，因此，当02星开始研制时，防止肼泄漏成了研制中非常关键的一仗。为此，我们成立了肼系统攻关小组，采取了严格有效的措施，确保了质量，79条焊缝全部达到航天一级焊缝标准，创造了风云二号卫星肼管路焊接的新纪录。

针对风云二号卫星研制过程中试验时间长，人力、物力、财力消耗大等

风云二号卫星模拟图

风云二号卫星组装现场

特点，我们对空间环境模拟设备进行了改造。许多已退休和临近退休的老同志，带领一群年轻人，义无反顾地挑起了这副重担，夜以继日地工作，在较短时间内设计出了改造方案，用了短短 18 个月时间，完成了对 KM5 真空设备的改造，为风云二号气象卫星进行充分的地面试验和最后取得成功奠定了基础。

在一次振动试验过程中，进行天线安装时，一个 3 毫米的螺钉连同平垫和弹垫不慎滑落，螺钉与平垫很快被找到，而弹垫却神秘地失踪了。如果掉在卫星内部成为多余物，则后患无穷。为此，在当时进度非常紧张、距卫星交付时限越来越近的情况下，我们果断决定，停下所有主线工作，全力寻找这个小弹垫。星上有上百台仪器设备，上万根电缆，不少角角落落得用手电筒照明才能看清，里里外外找了两天，弹垫仍无踪影。直到第三天上午 9 点，弹垫终于在一束电缆中被查获。

陆子礼　提供

中国第一支“航天”股票

1998年6月5日，“上海航天汽车机电股份有限公司”(简称“航天机电”，股票代码600151)股票在上海证券交易所正式挂牌交易，这是中国大陆第一家以“航天”命名的股票。

时任中国航天工业总公司副总经理的王礼恒专程来沪参加航天机电开盘仪式。开盘前，王礼恒与上海证交所总经理屠光绍(现任上海市常务副市长)举行了亲切会谈，随后，他们步入上海证券交易大厅。交易大厅的中央电子屏幕上显示出“热烈祝贺航天机电隆重上市”的字样。9点30分，

王礼恒(右)举起锣锤，敲响象征着开盘的大锣

王礼恒（右）向上海证券交易所副总经理吴雅伦（左）赠送火箭模型

王礼恒举起锣锤，敲响象征着开盘的大锣，交易大厅爆发出一片欢呼声。航天机电股票通过集合竞价方式，以14.02元开盘后一路上扬，当天收盘于15.74元。

航天系统组建上市公司的机构，相比其他单位而言要复杂得多，它既不是简单地将一个企业翻牌，也不是将若干个企业叠加。这是上海航天史上最大的一次资产重组，它不仅仅是将全局民品系统中最优良的资产集中到一起，而且第一次实现了同类型产品集中，真正体现了做大“蛋糕”、做强主业的指导思想。

300个日日夜夜，多少职工为之付出了辛勤的努力和汗水；多少职工为此承担了巨大的压力和委屈，忍辱负重地开展工作。有的职工在300天时间内，有近三分之二的时间在北京，三四十次往返于京沪之间，却不知故宫是什么模样，长城在北京的什么位置。他们为了中国第一家以“航天”命名的股票上市，付出了太多太多。

1998年6月5日，这个日子将永远载入中国航天的发展史册。

白跃强　提供

国内首台对接机构原理样机

空间交会对接是中国载人航天工程第二步的重要内容，对接机构是其中的关键技术和亮点。没有它，建立空间站、维持空间站的正常运行、航天员的定期更换，以及提供给空间站一切必要条件的天地往返运输任务，都无从谈起。

八院 805 所对接机构的研制，从 1994 年起步。20 世纪 90 年代初，我所设计师在参观俄罗斯“能源”火箭公司对接机构研制车间时，俄方直截了当地告诉我们，对接机构的研制难度非常大，并极力怂恿我们购买他们的产品。当时俄罗斯方面的开价是，仅购买他们对接机构技术的设计专利费就要 1 亿美元，然后引进成熟的技术和现成的产品要再花一大笔钱。另外，他们还要搭售许多无关紧要的产品给我们。

俄罗斯方面开出的条件让中国航天人难以接受。中国要建立自己的空间站，对接机构产品需要的不仅是一套两套，关键部件和关键技术一旦掌握在别人手里，失去了自主权，对于中国载人航天事业的进一步发展十分不利。于是，中国航天人下决心走自力更生、自主创新的道路。

1995 年年初，805 所成立了对接机构研制队伍，这个团队最初仅有七人。当时，国内有几家兄弟单位同时开展方案论证，考虑兼顾国际空间站通用接口的要求，人货通行方便，同时为适应空间站与大吨位飞行器对接的要求，805 所决定采用异体同构周边式对接机构方案。而该类型对接机构是当今世界上较为先进同时也是最为复杂、技术难度更大的结构形式。

为了将这个方案论证清楚，805 所研制团队搜集和查阅了所有能找到的相关资料，在字里行间筛选点点滴滴可用的信息，翻译俄罗斯对接机构的相

我国第一台对接机构 1:1 原理样机

关书籍。收集到的各类资料装满了整整十个大箱子，仅论证报告的撰写就用了三个多月时间。大家的艰辛付出没有白费，通过一轮轮的评审和质询，国家最终采纳了我们提出的方案，上海航天人开始了对接机构研制的漫漫征程。

在方案论证期，805 所的研制人员便开始了技术原理的探索和仿真试验，并制作了缩比模型。1996 年开始，经多番论证和交流，八院 805 所的设计人员凭借着坚强的毅力和坚定的信心，将头脑中的概念与方案转化成一份份图纸，几经努力，终于在 1999 年完成了我国第一台对接机构 1:1 原理样机。从最初的埋头苦干，到方案的领先一步，再到完成样机用实力说话。2002 年 7 月，对接机构的研制任务正式落户 805 所，拉开了中国研制对接机构的帷幕。

目前，我国无人、载人交会对接任务都取得了圆满成功。虽然第一台原理样机各方面的技术指标都无法与成熟对接机构产品相媲美，但是，正是这台原理样机，和最初坚守交会对接梦想的设计师们，开启了中国载人航天史册上辉煌的交会对接之路。

航天八院 805 所　提供

难忘1999年阅兵式

1999年10月1日，我参加了北京天安门广场国庆五十周年阅兵仪式，亲眼目睹了这威武雄壮的盛典，那一刻的兴奋与激动，将永远地镌刻在我的脑海中。

我是幸运的。50年前，我以年轻人火热的心，唱着歌曲走过天安门，庆祝解放后第一个国庆日。50年后，我站在观礼台上，看着自己参与研制的导弹方队从面前经过，看着威武的三军将士踏着整齐的步伐行进而过。我为这50年来祖国的强盛感到骄傲。

几十年来，我的工作就是为了巩固国防研制武器装备，每时每刻我都能触摸到我国军事装备不断提升和壮大的脉搏。如今，看到自己主抓的武器型号装备了部队，我由衷地感到自豪。方队慢慢行驶而过，接受中央领导的检阅，这是对所有参与这项工作的科技人员的肯定，它抚慰着我们这些人的心灵，因为多年来我们为此型号付出了许多，也经历了太多的风雨、太多的坎坷。

20世纪80年代初，根据领导的安排，我接手负责这个型号的设计工作。当时这个型号已经经历了几次坎坷，而且在技术上基本靠自主创新，没什么经验和资料可以借鉴，所有科研人员、工人和领导干部靠着通力协作和刻苦攻关，终于一步一步地走了过来。80年代中期，在定型打靶头两发不中的情况下，所有人员顶着压力，众志成城，终于顺利完成了最后的测试，在 90 年代初实现了批产交付。

今天，我有幸能在国庆五十周年这样隆重的盛典上到观礼台上观礼，是莫大的荣誉和幸福。但这个荣誉不是给予我个人的，而是属于我们这一个团队。这个团队为了加强国防，几十年来把全部的精力都倾注到了工作中，常常为了攻克一个难题，昼夜奋战，默默付出，不求回报，只有一个理想信念，就是使我国的军事装备得到提高和加强。

站在天安门观礼台上，看着我们的导弹队伍威武雄壮地走过广场，抚今思昔，作为一名老知识分子，作为一名航天科技人员，我想，这一辈子的追求和奋斗，不正是为了祖国美好的明天吗？

梁晋才　提供

国庆五十周年阅兵仪式

操作软件引起的风波

“海洋一号”是应国家海洋局要求研制的一颗试验业务卫星，主要用于海洋水色探测及海况和渔情的监测。

时值第22届空间技术与科学国际会议在日本东京召开，王希季以海外委员会成员的身份前往出席会议，恰好总设计师张永维也有任务去了俄罗斯。在此期间，行政领导决定用自己部门开发的，曾被王希季否决的不成熟的软件取代原先成熟的商业操作软件。由于这个软件编程不够好，稳定性和时序性均不能满足要求，导致电测中流程走不下去而延误了进度。

王希季开会回来后发现了问题，查出原因后感到非常生气。一个是经过千锤百炼的成熟商业软件，一个是刚刚起步还处于试用阶段的软件，二者根本不在同一个档次上，难道部门的利益比国家的利益更重要吗？！如果我们不利用现成的先进技术迎头赶上，什么都要从ABC开始搞起，将自己放在这么低的起点上，何时才能缩小与航天大国的差距？！

让王希季气恼的不是某个人的某种做法，而是这种“技术行政化”的弊端。所领导闻讯后连忙赶来道歉，并当即表示马上将使用的软件再换回来。重新采用成熟的操作软件之后，研制工作才又顺畅地进行下去。

2001 年 3 月 9 日，王希季在海洋一号卫星研制现场检查工作

“海洋一号”采用了机械制冷、单个太阳翼驱动器驱动双太阳翼、整星分散供电等在我国卫星上首次使用的新技术，从而使中国空间技术研究院的小卫星平台从试验走向了实用。它的成功发射和运行，使我国首次具备了对沿海海域和全球海域的观测能力，标志着我国的卫星海洋观测事业进入了一个崭新的发展阶段。

朱　晴　提供

扶上马送一程

2002年，68岁的于本水院士将舰空导弹总设计师一职交给了青年一代，他担任该型号的技术顾问。虽然退居二线，但他的心却从未离开这个花了他多年心血的导弹型号。靶场飞行试验，他亲临现场，帮助把关分析问题；飞行试验故障，他花费大量心血，帮助型号队伍进行故障分析和归零。

2004年，舰空导弹完成了阶段研制，奔赴靶场进行独立回路飞行试验。由于飞行试验出现故障，于本水以近70岁的高龄亲临靶场，指导试验，帮助型号队伍进行技术分析。那一年，于本水在靶场度过了自己难忘的70岁生日。由于定位准确，型号很快故障归零，重新开展了飞行试验，并且取得了圆满成功。

航天二院二部　提供

于本水院士与试验队领导一起分析试验数据

箭出鞘

20世纪70年代末80年代初，我参与了红旗七号S车显示器的研制。这是一台体积庞大、数字电路和模拟电路较为复杂的二次显示器。我们课题组几位同志经过努力，高质量地完成了显示器的研制。由于它高可靠性的出色表现，“红七”前五批的靶场飞行试验，我们课题组的人都没有参加过试验队保驾，也就从来没有看到过“红七”打靶的壮观场面。直到约20年后返聘到调试部承担该显示器的改进设计，我才有机会参加“红七”的靶场飞行试验。

为了能记录下“红七”打靶的壮观场景，我出发前特意准备了一个ISO400胶卷。记得那是2002年3月份，天气虽冷，但阳光明媚，天空湛蓝，万里无云，是一个打靶的绝佳日子。总体部的同志告诉我，将用左上方的发射筒打一发弹，这样最佳的拍摄机位就在发射车左后方大约二三百米处，也就是从正西偏北的方向向东拍。我爬到备份车顶上架好三脚架、安放好相机，打开电源构好图，设置成快门优先连拍，把快门调到1/500秒，就等着发射时按下快门了。时间已经是下午3点多，太阳已偏西很多，从西偏北方向向东看去，看不到发射筒的阳面，只能拍到阴面。正在思考时，信号弹发射了，我赶快贴紧相机从取景器中观察，并及时按下了快门。一声巨响，红七导弹飞了出去，在相机“咔嗒、咔嗒”的响声中，导弹飞出了画面，我也松开了快门。这是我唯一一次观看“红七”发射，却没有看清导弹是如何飞出去击中靶机的。

总体部的同志看过我拍的照片后，给予了高度评价，说我抓住了“红七”发射最好的瞬间，甚至有人认为这是经典之作！为什么？原来导弹发射时的初速度很高，百分之一秒，导弹就能飞行几米，哪怕早一毫秒或晚一毫秒，都不能得到这个效果。照片上导弹刚刚离架，拖着长长的火焰，最为难得的是发射筒前后都有火焰，而前面的火焰比后面的火焰要长，它们的比例基本符合黄金分割。导弹、火焰、发射架和发射车连成一个整体，构成一个稳定的三角形，后方被气流冲起的灰砂渲染了震撼而壮观的场面，左下角尚未着地的前盖和右上后盖的碎片相互呼应，更增添了恢宏的气势。

这张照片后来在建院四十五周年摄影展上得到一致好评，获得优秀作品奖。它虽然只是记录了一个瞬间，但却展现了中国航天人的奋斗成果，展现了第二代地空武器的辉煌！

唐敬之　提供

“红旗七号”发射瞬间

引进消化吸收再创新

星载微波成像仪从 1994 年开始进行预先研究。经过两年左右的关键技术攻关，原上海航天测控通信研究所（以下简称为原 813 所）认识到，作为“风云三号”重要有效载荷的星载微波成像仪，是一个技术复杂、难度较大、专业全面、投资巨大的项目，就当时的国内技术水平而言，有些关键技术，如天线伸展技术、短毫米波接收技术、高精度扫描驱动及定标技术等，依靠国内技术力量，在当时是难以突破的，难以满足“风云三号”的使用要求。

经过技术分析、探讨、调研及出国考察，确认俄罗斯的上述四项关键技术先进、成熟，因此，原 813 所于 1996 年就微波成像仪总体技术及四项关键技术提出了对俄合作的申请。

通过与莫斯科动力学院特种设计局进行技术交流，开拓了设计思路，强化了微波成像仪系统的概念，培养了技术队伍。其中俄方的整机结构、抬升伸展技术、定标技术、部分测量方法和部分配套测试设备应用于“风云三号”微波成像仪国产化研制中，为微波成像仪最终实现国产化研制奠定了技术基础。原 813 所通过对俄引进样机进行分析，学习其先进思想，吸收其优点，对其缺点则加以改进，使得从 2001 年开始的国产微波成像仪模样机、初样机和正样机研制顺利进行。目前，“风云三号”微波成像仪 02 星和

原 813 所工程师和俄罗斯工程师一起探讨技术问题

03 星在轨稳定运行，04 星也进入了设计研制阶段。

此照片摄于 2003 年 7 月，为俄罗斯莫斯科动力学院特种设计局向原 813 所交付该工程项目微波成像仪时，原 813 所工程师和俄罗斯工程师一起探讨技术问题并进行技术交流的场景。

刘高峰　提供

“红旗九号”测试设备攻关

“红旗九号”雷达是相控阵结构，在工程研制中，首先要有一套测试设备，否则一切攻关工作都无法进行。现用的测试设备在使用初期，始终测不出结果，导致大阵结构设计和器材订货无法进行。尽快用中国自己制造的雷达来保卫祖国，这是关系到国家安全的大事，设计人员心急如焚。

无奈之下，设计人员到所里点名要我参与会诊。我仔细观察和了解了相关情况，回家后又查阅了有关资料，连睡觉都在思考此事。这种雷达是按照多单元组合和电磁波能叠加原理设计的，工作时，要求各单元性能一致或同步，否则就不能工作。原测试设备的负载、吸收材料、模拟器全是浮动接触，而浮动接触是一种不可靠接触，必然会出现不同步、数据不重合和工作不稳定等问题。这个问题不解决，攻关任务就无法进行。

我经过反复思考，最后决定的方案是：负载、吸收材料、模拟器连成一体，保证接触可靠和工作稳定。于是我自己设计、自己画图，甚至零件都是自己加工并装配调整，调好后交给调试人员使用。改动后的测试设备，测试结果非常理想，完全达到了设计要求，设计师非常满意，攻关工作终于可以继续进行了。

魏其桐　提供

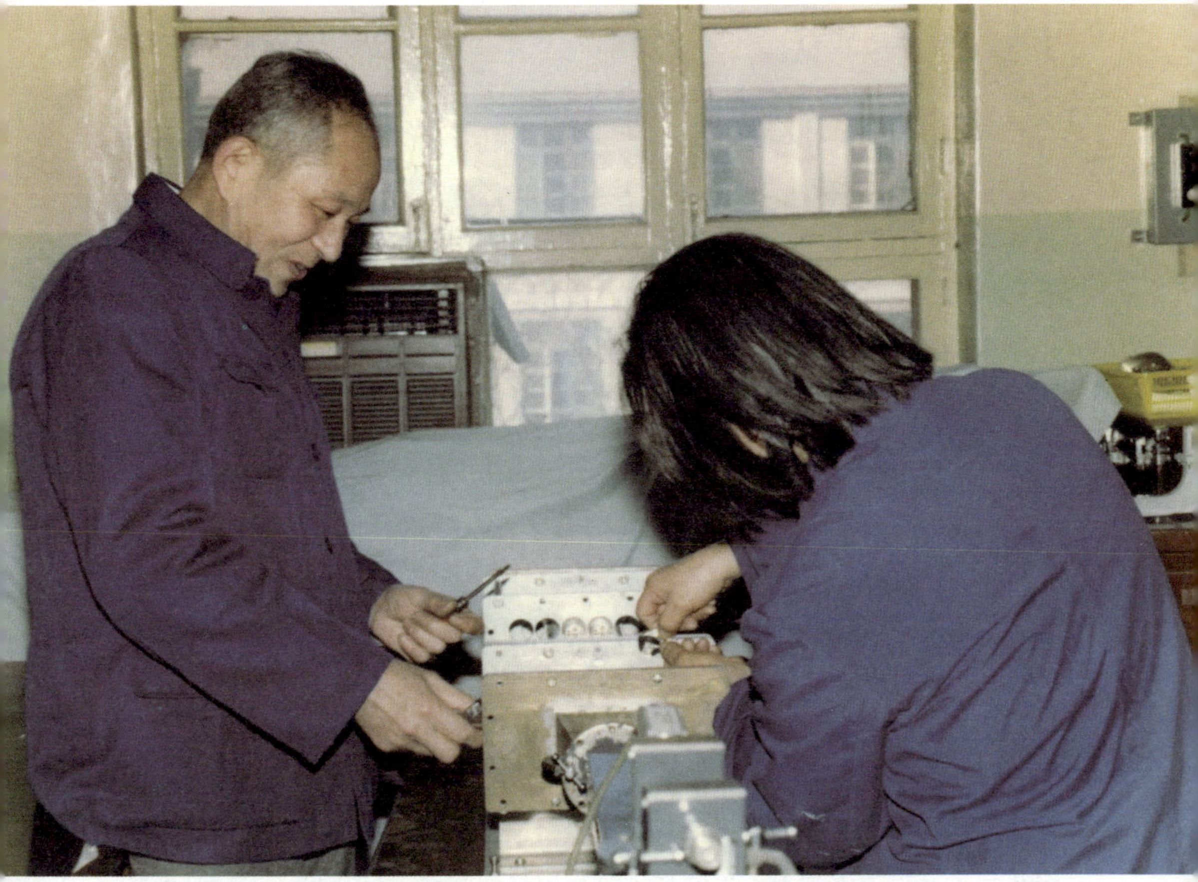

笔者在对“红旗九号”测试设备进行调整

车队从白云鄂博实验队撤场，路遇暴风雪

风雪转运路

在神舟飞天所创造的辉煌中，有一颗闪闪发光的明星，这就是坚守在神舟飞船回家路上的瞭望者——功勋雷达“回收一号”。十几年来，这部雷达伴随着神舟飞船的每一次发射，忠于职守，完美地履行着自己的职责，准确地监视和预报飞船回归的轨迹，为飞船的及时回收提供了可靠的保障，得到神舟飞船队伍的高度评价，屡获国家和有关部门的表彰。

“回收一号”的研制生产和正常运转凝聚了航天二院 23 所广大研制和生产人员的心血和劳动。回收一号雷达壳体的加工外协到包头，工作地在白云鄂博。在生产研制和安装过程中，为了这个长宽各有好几米的大家伙安全地抵达目的地，车队的同志们每次都要提前探路，测量路途上可能出现的障碍高度和宽度，运输前要精心地做好车辆的检查和保养，在运输过程中更是小心谨慎，唯恐对如此大型而又精密的雷达造成丝毫的损坏。

我有幸参与了回收一号雷达生产和安装全过程的每一次转运工作。

我印象中最壮观的一次转运是“回收一号”从我所运往白云鄂博的一次。因为是载人航天工程的重要设备，所以运输安全等级为二级。全程警车开路护送，武警持枪护卫，车队行进过程中提前封路，沿途每一个路口都有警察值勤，其他车辆都被拦住或停在路边，途经呼和浩特时，甚至有解放军的炮车也被拦住。

最困难的一次，则是从白云鄂博实验队撤场，赶上了暴风雪。当时我所去了三辆车（照片中所示），因为从呼和浩特到包头修路，车队只好绕道山后，路上白雪漫天飞舞，大地和丘陵一片雪白，狂风吹动地面上的积雪，如层层海浪翻滚，又如巨龙翻腾。毛主席的词“北国风光，千里冰封，万里雪

车队在厚厚的积雪上艰难前行

飘。望长城内外，惟余莽莽；大河上下，顿失滔滔。山舞银蛇，原驰蜡象，欲与天公试比高”当是此情此景的最好写照。车队行至中旗，被雪墙阻挡，不能前行，司机们全部下车，冒着风雪，用准备好的工具铲雪，奋战多时，终于打开一条通路，使车队得以继续前进。在回家的路上，我所考斯特车发生故障，在被拖至武川汽修场，途中因道路结冰，无法控制，险些发生翻车事故。

一次次，一趟趟，车队的司机们同全所广大职工一起，为载人航天事业默默地做着自己的贡献。

吴大川　提供

司机们冒着风雪铲雪通路

巧手造神舟

2003年10月15日，我国成功发射神舟五号载人飞船，杨利伟成为我国第一位飞天航天员。“神舟五号”上就有航天科技集团九院7107厂的精密产品。

10月16日，7107厂的航天人敲锣打鼓，热烈欢庆神舟五号载人飞船自太空安全返回，并到宝鸡市政府报喜。此消息见报后，宝鸡人都为宝鸡有这样的企业而骄傲。

建厂近50年来，7107厂职工牢记周总理提出的“严肃认真，周到细致，稳妥可靠，万无一失”的十六字方针，努力工作，爱岗敬业，拼搏奉献，精益求精，为国家生产了许多重要的航天产品。该厂生产的精密产品多次参加重大航天发射试验任务，并取得圆满成功，多次创造发射精度的新纪录，为中国航天事业发展做出了重大贡献。

2003年5月1日，7107厂荣获全国总工会颁发的“全国五一劳动奖状”。

郑　翔　提供

7107 厂职工在一丝不苟地加工精密产品

生活篇

难忘的回忆

1963年至1965年期间，中共中央连续发布《双十条》《二十三条》等指示，要求在我国部分城乡开展一次社会主义教育运动。我参加了第七机械工业部一院12所第二批“四清”工作队。当时，我们从思想上都高度重视，并把它当作接受贫下中农再教育和艰苦锻炼的好机会。

“四清”即清政治、清经济、清组织、清思想。在具体工作中我们把它落实为：清账目、清仓库、清财务、清工分。1965年10月，我们从北京乘火车来到甘肃省天水市集训一个月后，再乘大卡车来到黑林公社黑林大队。全大队有30多户人家，100多人。我们到的那天，老老少少不少人等在村口，敲锣打鼓地欢迎我们。这是一个贫瘠的山洼村落，全村人主要靠种植玉米、土豆和山核桃维持生活，其他的如蔬菜、水果、油、肉、蛋等都异常缺乏。每天主要吃土豆、玉米和自制的一种酸菜，以及一些盐水和辣椒。衣着更是简朴，很多人常年一身单衣，补丁摞补丁，白天穿在身上，晚上还要盖在身上，即使冬天也不例外。可以说，村里的绝大部分人都处在一种极其困苦的境地中。

为了搞好“四清”工作，我们每个队员都要做到与贫下中农同吃、同住、同劳动，不准搞特殊化。刚下去的时候，生活很不习惯，有的同志呕吐不止，有的胃胀不适……但

1966 年 9 月 16 日，完成“四清”工作后，回到甘肃省天水市合影留念
前排左起：张经理、王立、刘兴发、范文林
二排左起：胥爱菊、孙玉清、陶华、刘秀珍、李凤英
三排左起：刘成斌、夏桐生、彭兴周、徐鸿章、刘福顺、赵能寿

没有一个人退缩。为了搞好工作，更好地锻炼自己的吃苦精神，大家就一个想法：顶。这就是那个年代我们这批人的一个共性！

半个世纪过去了，照片中当年 20 几岁的年轻人，现在都年逾古稀，祖国的面貌发生了翻天覆地的变化，记忆中的山村一定也变得富裕了。每次看到这张照片，都会勾起我许多当年难忘的回忆……

赵能寿　提供

露天食堂

1965年，航天四院42所根据中央关于三线建设的指示，从四川泸州搬迁到位于内蒙古呼和浩特市郊的南地。

科研人员一来到内蒙古基地，就被眼前的景象惊呆了。大家想象中的“风吹草低见牛羊”的景象无处可见，取而代之的是寸草不生的荒地。

大家即将扎根的内蒙古基地，在建设之初，条件十分简陋。在一片黄沙中点缀着几处空壳厂房和几栋集体宿舍楼，一个席棚搭的临时食堂四面透风。刚刚进入10月，这里的气温已经达到-10℃，刚打的饭菜还没吃几口就已经凉透了，科研人员没有地方吃饭，只能就地蹲着吃。一天三餐多半是玉米面窝窝头加土豆和大白菜，还有“一天二两土”的标配，“今天没吃上，明天帮你补”，咀嚼时都能感到飘落在饭菜里的细碎沙粒摩擦着牙齿。8个人挤在一个房间里住的单身青年是幸运的，因为带家眷的职工只能散住在距基地10多里外的五路村的老乡家里，在天寒地冻、滴水成冰的日子里，他们要坐大卡车上下班，每天5点钟就要起床，提前站在路边等车，因为村子离公路边还有二三里的路程，如果没赶上车，就只能顶着刺骨的寒风和黄沙，步行10多里路去上班……

内蒙古的生活很艰苦，但是没有人叫苦，每个人的眼睛里都是坚韧，看不到一丝沮丧情绪。生活上、工作上的种种困难，没有难倒这批刚脱下军装的航天人，他们初到内蒙古，就以饱满的精力，在这塞北荒原上投入了新的战斗。

宋　瑶　提供

航天科研人员在建设工地就餐

下放

1968年，根据中央文件精神，我们23所部分同志于9月23日下放到南京军区空军夏家湖农场接受工农兵再教育。我被编在三连二排。

在农场期间，大家不怕苦，不怕累，吃苦耐劳，自己动手盖房子，挖排水沟，播种收割，晒大粪干，站岗放哨，参加体育比赛。经过一年半的劳动改造，无论是思想上，还是身体上，大家都有了很大的提高。时至今日，虽然已经过去近50年，当年的年轻人如今都已进入古稀之年，有的甚至已经永远离开了我们，然而当时很多场景还都历历在目，仿佛就发生在昨天，而我们为航天事业奋斗终生的心也始终未变。

照片是全连同志离开农场前，与解放军同志合影留念。

乔瑞庆　提供

全连同志离开农场前，与解放军同志合影留念

为了航天下一代

1971年，为了支援三线建设，我们离开了美丽的海滨城市大连，从大连化学物理研究所举家搬迁到位于湖北谷城的42所新建址郭峪山沟。新建址四面环山，交通不便；冬天阴雨连绵，又潮又冷；夏天三十七八度的高温，热得人透不过气来。就在这样的环境里，42所的幼儿园诞生了。

当时幼儿园的房子还未动工兴建，临时安排在家属区的几间屋子和山坡上几间干打垒的土房里，冬天没有暖气，夏天没有电风扇，既没有儿童的活动场地，更没有教具和玩具。新建幼儿园竣工之后，根据工作需

“六一”运动会短跑比赛

要，开设了四个班，分为大班、中班、小班和小小班（哺乳班）。婴幼儿入托的年龄差异较大，大的有七周岁，小的只有几个月，这样的年龄结构，无形中给保教工作增加了难度。几个月的婴儿要按时喂奶、喂饭，更换尿布，小班的阿姨郑翠媛和陈永秀，不怕脏、不怕累，忙了这头忙那头，及时为孩子们更换、清洗衣服和床单，得到了家长的好评。

运动会后，部分小朋友合影

幼儿园有二三十名职工，只有我一人是幼儿师范毕业的，多数同志没有受过专业培训，我们边学习边摸索，不断总结经验。当时师资缺乏，教材、教具、玩具严重短缺，光秃秃的院子里唯有一架小滑梯。我们克服困难，自力更生，坚持服务与教育并重。通过分批分期到襄樊地区幼儿园学习、参观、实践，不断提高自己的工作水平，并结合我园的具体情况，因地制宜，制订各班的教学计划。我们对幼儿实施语言、计算、美工、音乐、体育等各科教学，并特别注重幼儿的思想品德教育，从小培养他们养成好习惯和好品质，使孩子们在幼儿园得到健康发展，为幼儿升入小学打下良好基础。幼儿园每年收托幼儿达百名以上，从未出过安全事故。

每年的“六一国际儿童节”，是小朋友们最高兴、最快乐的时候。我们挖空心思、想方设法地给孩子们编排节目，既让孩子们载歌载舞地欢度了节日，也给山沟单调的生活增添了轻松欢乐的气氛。照片里记录的是一次幼儿园“六一”运动会的场景。看，我们的小选手多可爱，跑得多带劲儿！在那个艰苦的年代，虽然物资匮乏，但是同志们是那样的满腔热情、干劲十足，在平凡的岗位上，一步一个脚印、踏踏实实地向前进。我们无愧于那个时代！

孙淑娟　提供

打靶记

“日落西山红霞飞，战士打靶把营归，把营归。胸前红花映彩霞，愉快的歌声满天飞……”看到这张老照片，我就会情不自禁地唱起这首歌，照片中发生的故事也会浮现在眼前……

1970年12月和1971年2月，在内蒙古的四院42所和在大连的化学物理研究所二部的同志们响应国家号召，为了支援和建设三线，相继搬迁至湖北省谷城县的郭峪山沟，组建成七机部四院新的42所，对外称“红星化工机械厂”，开始了我国固体火箭推进剂一段新的创业历程。

当时的42所按照部队编制，研究室称为连，保卫科称为武装部。六连成员由内蒙古原42所、大连化学物理研究所二部的同志和部队复员军人三部分人员组成，全连约有六七十人，大部分是20~30岁、朝气蓬勃的热血青年。大家怀着努力建设三线的热情，克服工作和生活上的诸多困难，心往一处想，劲往一处使，团结向上，为了祖国的国防事业，勤奋工作在大三线。

照片拍摄于1973年秋天。当时由于山沟闭塞，职工的业余文化生活非常单调。为了丰富大家的业余生活，所武装部组织了一次实弹打靶活动，地点选在沟口前进水库上游不远的一个小山包上。参加打靶的同志每个人分得三发子弹，大家非常兴奋，交流打靶的心得和要领，比比谁的

打靶休息时，六连部分同志与二区食堂、所武装部的同志们合影

成绩最优秀。整个山包异常热闹，快乐的笑声和清脆的枪声在山谷里回荡。打靶休息时，六连部分同志与二区食堂、所武装部的同志们合影，留下了照片上珍贵的瞬间。

唐汉祥　提供

航天专家当“猪倌”

梁思礼，中国导弹、火箭控制系统专家，中国科学院院士。在历经人生悲喜苦甜时，他总是以乐观、积极的心态，面对现实，化解烦闷。

1974 年，正值“文革”后期，时任七机部一院 12 所副所长的梁思礼，被下放到河南正阳“五七”干校劳动，干校分配梁思礼当“猪倌”，那一年他正好 50 岁。

按说，一个研究导弹的知识分子被派去养猪，这是对人极大的不尊重，有点像“罪犯发配宁古塔”的味道。但是梁思礼从积极方面去想，觉得这是对自己的照顾，此举正好逃离“文革”是非之地，免得一天到晚担心被突然打成“反革命”，他思想和精神上反倒落得轻松和愉快。

生性乐观的梁思礼，养起猪来也别有一番意趣。他每天带上套袖，穿上围裙，打猪草、拌猪食、清猪圈，干得高高兴兴。梁思礼养的猪一听见他“啰、啰、啰”端来猪食的呼唤，都争抢着扒上圈墙。看着肥头大耳、干干净净的“八戒”军团，梁思礼很有成就感，还特地和它们合影留念。

20 多年后回忆起这段往事，梁思礼依旧饶有兴致：“都说我抓质量是全面质量管理，其实我养猪也是这样。从配种、小猪接生、催肥到最后吃肉，每个环节我都一丝不苟。当然，杀猪时我一般都不在，主要是不忍心下手。”

他在“五七”干校养了整整一年的猪，精力充沛、年富力强的他，成为一名出色的“猪倌”。

石　磊　杨利伟　提供

梁思礼在“五七”干校当“猪倌”

梁思礼背后就是他每天劳动的猪舍

挺进秦岭

1978年，7103厂党委为了改善职工的伙食，做出大办农场、开荒种地的决定。开荒地点选在凤县王家山和岗家山，那是一片人迹罕至、猛兽出没、杂树丛生、千古荒原之地。从山脚爬到山顶需要几个小时，更何况要在上面开垦一片土地！厂领导王本兰等同志带头，组织全厂职工分期分批地参加义务劳动，烧山打石，硬是克服千难万险，开出了一条山路，使推土机、拖拉机开上了山顶。

照片上的我们，正带着对垦荒的期望，首次把拖拉机开到海拔2000多米的秦岭山头。

航天六院　提供

首次把拖拉机开到海拔 2000 多米的秦岭山头

打着手电筒做手术

1981年8月31日，正值抗洪抢险的关键时刻，发动机设计所职工郝兆里的老母亲突发急性阑尾炎，而此时郝兆里夫妇却在东北。由于道路不通，病人不能送往基地医院，而卫生所根本不具备手术条件，没有外科大夫，没有手术床，没有消毒器材。这可急坏了所领导姜福来。在他的再三动员下，卫生所的医护人员迎难而上，克服困难，创造条件，由妇科主任任延兰主刀，麻醉师陈静波协助，用诊断床代替手术床，在地上洒水代替消毒，用手电筒弥补光线不足，一场因陋就简、救死扶伤的阑尾切除手术展开了。

在这样简陋的条件下，手术最后获得了成功，挽救了一条生命，也创造了一个奇迹。

航天六院　提供

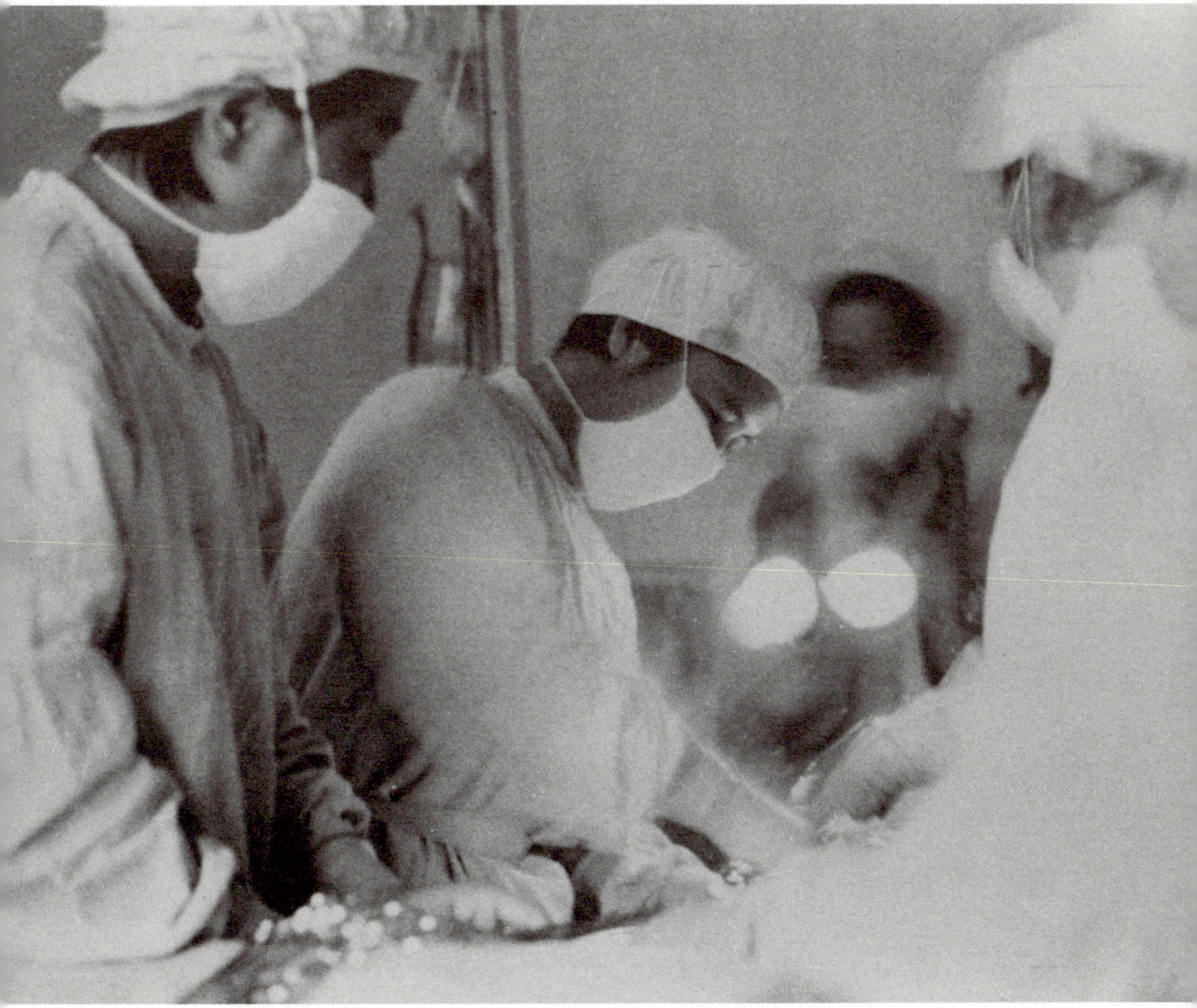

医生用手电筒弥补光线不足，因陋就简做阑尾切除手术

我们的职工运动会

1980年，四川航天 7111 厂基础建设已基本完成，员工以饱满的热情投入到生产中。在那个物资匮乏的年代，员工的文化生活十分单调。为了丰富员工的业余生活，工厂决定在 1980 年 5 月 1 日召开第一届职工运动会。

对于刚刚经历过“文革”动荡的人们来说，这个消息犹如一道春风，霎时就在员工中传播开了，大家像过年一样欢呼雀跃。不管有没有运动长项，不管有没有运动基础，大家都踊跃报名，全厂员工除了出差的、生病的，几乎全部参加了运动会。

第一次组织职工运动会，遇到很多问题。

首先是场地问题。当时，学校教学楼刚刚落成，操场上还是一堆堆的建渣，工厂便采用“大会战”的形式，集中各单位人员分批对操场进行平整。他们有的用镐头、铁锹清走操场上的大石头；有的从车间拉来炭渣，再铺平、压实。工人们将参加运动会的激动心情转化为充足的干劲儿，短短 3 天时间，堆满建渣的小山头就变成了平整的大操场。

第一届职工运动会跳高比赛

其次是比赛器材问题。比赛需要的器材一样也没

厂子弟学校学生表演平衡木

有，如果全部购买，不但需要工厂承担额外花费，还会由于购置时间长，赶不上“五一”的节点。看似凶恶的“拦路虎”在这些自力更生、艰苦奋斗的劳动者面前很快就不攻自破了。铅球用有相当重量的大铁球充当；跳高的支架由车间员工焊接，再架上根竹竿；平衡木更绝，两个板凳架块木板成了平衡木。直到现在，老烽火人回忆起那场运动会的情景，仍然不住地感叹：“劳动者的智慧是无穷的。”

到了比赛那天，操场上红旗招展，彩旗飘扬，队员们一个个兴高采烈，斗志昂扬，100 米、200 米、400 米、接力赛、跳高、跳远、铅球……一个个竞赛项目激烈上演，精彩纷呈，掌声、喝彩声不断传来，也吸引了职工家属包括孩子们观看。看，照片上我们跨越式跳高的队员姿势标不标准！

1982 年，受厂职工运动会的影响，厂子弟学校也举办了学生运动会。虽然器材还是那样简陋，但一招一式间，都透露出专业范儿。看，参加平衡木比赛的小朋友是不是表演得有模有样！

张　华　提供

洪水中的“背粮队”

背粮队（前为所党委书记姜福来）

背粮队（中为所长张贵田）

1981年的洪水泥石流灾害使红光沟断水、断电、断交通，也断了通信，和外界失去了一切联系。职工的生活遇到了很大的困难，特别是吃饭问题更为严重。不吃饭不行，没有粮食怎么办？发动机设计所组织职工到三千米外的粮站去背粮。所领导姜福来、张贵田也加入了背粮队。

此时，去往粮站的部分路段已被洪水冲毁，变成了半米深的小河。大家互相搀扶着，连成一排，从河水和淤泥中趟了过去。有的人丢了鞋子，有的人跌在了泥里，大家全身上下沾满了泥巴，几乎变成了泥人。经过两个多小时的跋涉，翻过了三道梁，越过了六道湾，背粮队终于到达了粮站。经过短暂的休息，背粮队踏上了返程之路。此时，每个人身上都背了25公斤的面粉，队伍行进得更加艰难。由于水流湍急，身体弱的同志在水中站都站不稳，突击队和身强力壮的男同志就一趟又一趟地搀扶着其他同志过河。当背粮队蹚过最后一条河时，发现岸边早已站满了等待的人们。大家又是鼓掌，又是欢呼，迎接“凯旋的英雄”。

航天六院　提供

危急时刻，粉碎劫机阴谋

1982年7月25日，航天六院165所俞福坤、朱明策、张正龙、徐凤兰等四名同志因公踏上了从西安飞往上海的2505次航班。飞机到达无锡上空时，五名歹徒突然窜了出来，手持匕首，把前舱的旅客赶往后舱，并大声威胁道："不许靠近驾驶舱，谁要不听，就要他吃刀子！"

飞机被劫持了，他们要将飞机劫持到台湾！有过多次乘飞机经验的朱明策和三名同事沉住气，先行销毁随身携带的保密资料，避免国家机密泄露，然后做好了同劫机分子斗争的准备。这四名同志不顾个人安危，冲向歹徒，和其他旅客一道，与劫机歹徒展开了搏斗。俞福坤从旁边储藏室里拿起一个装满工具的铁箱，朱明策从厕所里找了个拖把，和另外两名手持雨伞和水瓶的同事一道，冲向了歹徒。最终，正义战胜了邪恶，五名歹徒的劫机阴谋被彻底粉碎了。

航天六院　提供

反劫机的四位同志合影（从左至右：徐凤兰、朱明策、俞福坤、张正龙）

冬季长跑比赛

群众性体育活动在航天二院 23 所开展得十分广泛，长跑是深受职工喜爱的体育项目之一，很多人常年坚持。冬季长跑比赛在 23 所作为传统项目有很长历史，最早可追溯到 20 世纪 60 年代初，除“文革”期间外，所里几乎每年都组织冬季长跑比赛，“元旦长跑比赛”“迎新春长跑比赛”“迎奥运长跑比赛”等，都给大家留下了深刻的印象。每次比赛，职工们都踊跃参加，比赛气氛紧张热烈。未参加比赛的职工都冒着严寒到现场助威，跑道旁挤满了观众，助威声、欢呼声此起彼伏，像过节一样热闹。

20 世纪六七十年代，由于大家居住得比较集中，冬季长跑比赛多在生活区举行。那时，职工队伍的主体是年轻人，比赛距离比较长，一般都在四五千米以上。比赛路线有时从三街坊出发，沿玉泉路—永定路—铁家坟，男子组再回到三街坊，大约 4000 多米，女子组则从三号门返回；有时从大礼堂出发，绕东工业区跑一圈，也是 4000 多米。当时，公路上汽车虽然不是很多，但交通安全仍是比赛最大的难点。组委会要安排大批工作人员，把守沿线各个路口和拐弯处，疏导交通，维持秩序；同时，还要派人骑自行车举着彩旗在前面做引导，以保证运动员的安全和比赛的顺利进行。

随着职工队伍年龄结构和外部交通环境的变化，冬季

1983 年 23 所冬季长跑比赛女子老年组运动员到达终点的情形

长跑比赛的地点、项目和路线也在不断调整。到 20 世纪 80 年代，比赛多改在工业区内进行，通常的路线是绕东工业区西半部跑，以 32 号楼为起点和终点；项目也增设了团体接力等内容，划分了男、女中年组和老年组，丰富了比赛的趣味性和群众性。

唐云岫　提供

美好的生活，幸福的明天

这张照片摄于1987年，照片上的背景是我们曾经的“快乐老家”——地处湖北省襄阳市谷城县庙滩镇的郭峪山沟，照片拍摄的地方是我们曾经工作过的三区，照片右上角是家属楼，左侧是同志们每天上班必经的羊肠小道，而干活的人呢，就是四院42所204室的同志们，其中左一为笔者。

1970年，42所响应国家三线建设的号召，从内蒙古搬迁来到了这里。郭峪山沟是“备战、备荒、为人民”“山、散、洞”政策的产物，整个所的设施均安排在首尾相距7千米的小溪两旁，设有生活区、工业区各三块，各区工房布局又相当分散。由于进山较深，距县城46千米，通信、供电、供水、供气全部都得自己解决，人员、物资的进出都得在80千米以外的襄阳市中转。虽然条件艰苦，但同志们相亲相爱、团结互助，共同走过了整整18年。

1987年，中国在国际环境变化之后，适时地对三线建设项目进行了调整搬迁。42所得到了迁出山区、搬迁襄阳的政策，是当时航天部最早、最快搬迁的少数几个单位之一。该年秋天，搬迁襄阳的计划正在实施过程中，所领导为了减少在襄阳建设中的开支，号召将郭峪山沟里能利用的一切物资尽可能地利用起来。204室的同志们响应号召，利用空闲时间，来到三区，用各种工具拆卸暖气管上的保

42 所职工一边干活，一边憧憬着美好的未来

温层。大家一边干活，一边憧憬着美好的未来，互相诉说着对未来生活的向往。建设“新家”的蓝图在每一个人的心里都是一个全新的模样，而要离开曾经工作、生活了 18 年的地方，大家心里又不免有些惆怅，有酸有甜。劳动是在说说笑笑中度过的，劳动完毕后，大家竟都不觉得累。

照片上的我们充满了对 42 所未来的期望。每每看到这张照片，当时的情景就活灵活现地浮现在我的眼前，是那样的亲切和令人怀念。想起过去困难的年月里，大家团结拼搏、互助友爱、任劳任怨地为航天事业做贡献，心里非常充实。

黎　绵　提供

亚运会上表演太极拳

航天事业大发展，各项工作齐向前，
中日同台演太极，开幕式上增亮点。

1990年第十一届亚运会在北京召开，是中国当时的一大盛事。当中日两国各出800人在开幕式上同台表演太极拳的消息确定后，我航天健儿积极响应，踊跃报名，渴望在这个大舞台上展现我们的风采。经过数十天的层层推荐、选拔，参加人员名单终于确定下来。

太极拳是中华民族的体育瑰宝，是我国劳动人民在长期实践中创造和发展起来的文化遗产，流传很广。抱着弘扬民族文化、为国争光的信念，我们作为航天人的代表，摩拳擦掌，信心百倍，下定决心，一定要赛出风格，赛出水平。

在中国人民大学李德印总教练的统一指挥和指导下，大家克服了许多困难，投入到严格、刻苦的训练中去。为了工作、表演两不误，从小分队分散练习到大分队集中练习，一直到最后的全体合练，所有训练都安排在业余时间。表演要求整体队列横竖打成四条线，最后回归原位。正是：

部分参赛人员合影

分组训练场景

烈日顶头似火炎，左右练成几条线，

来回队形仍不乱，掤捋挤按又还原。

经过半年的训练，作为航天人代表的我们都达到了各项要求，在表演赛上发挥出了应有的水平，为北京亚运会的胜利召开做出了自己的贡献，增添了一个亮点。

赵能寿　提供

《纤夫的爱》

20世纪80年代初，航天二院23所成立工会组织后，在所党委的领导下，在促进科研生产、维护职工权益、落实职代会职能的同时，积极开展丰富多彩的职工业余文化体育活动，使员工快乐工作、幸福生活，对企业的发展起到了积极的促进作用。

我当时担任所八室的分工会主席。八室分工会在室党支部的领导下，在室行政领导的支持下，各项工作都走在了前列，尤其是文体活动，多次获得所文艺标兵分会、职工长跑比赛冠军、职工知识竞赛第一名等荣誉。20世纪90年代初，23所组织群众文艺汇演，我们分工会出的节目是大秧歌舞《纤夫的爱》。这个节目是我们自编、自导、自演的，室领导、老专家、分工会干部和职工几十人一起上台演出，受到全所职工的好评，并荣获演出特等奖。

曹桂和　提供

大秧歌舞《纤夫的爱》